Scott O. Lilienfeld, Steven Jay Lynn, John Ruscio
und Barry L. Beyerstein

Warum Mozart Babys nicht schlauer macht

25 populäre Irrtümer der Psychologie

Aus dem Amerikanischen von Hannah Thomas

Die Deutsche Nationalbibliothek verzeichnet diese Publikation
in der Deutschen Nationalbibliografie;
detaillierte bibliografische Daten sind im Internet über
http://dnb.d-nb.de abrufbar.

Die Herausgabe des Werkes wurde durch die Vereinsmitglieder
der WBG ermöglicht.
Umschlaggestaltung: Finken & Bumiller, Stuttgart
Bild: © Anetta – Fotolia.com
Gedruckt auf säurefreiem und alterungsbeständigem Papier
Printed in Germany

Besuchen Sie uns im Internet: www.wbg-wissenverbindet.de

ISBN 978-3-534-23800-2

Die Buchhandelsausgabe erscheint beim Primus Verlag.
Umschlaggestaltung: Christian Hahn, Frankfurt a. M.
Bild: © picture-alliance / Bildagentur-online
www.primusverlag.de

ISBN 978-3-89678-714-9

Elektronisch sind folgende Ausgaben erhältlich:
eBook (PDF): 978-3-534-70796-6 (für Mitglieder der WBG)
eBook (epub): 978-534-70795-9 (für Mitglieder der WBG)
eBook (PDF): 978-3-86312-627-8 (Buchhandel)
eBook (epub): 978-3-86312-628-5 (Buchhandel)

Inhalt

Vorwort

Psychologie ist allgegenwärtig. Jugend und Alter, Vergessen und Erinnern, Schlafen und Träumen, Liebe und Hass, Glücklichsein und Traurigkeit, psychische Erkrankungen und Psychotherapie – im Guten wie im Schlechten gehören diese Dinge zu unserem alltäglichen Leben. Nahezu jeden Tag bombardieren uns die Medien, Fernsehsendungen, Filme und das Internet mit Behauptungen bezüglich einer Vielzahl psychologischer Themen – dazu gehören die Funktionsweise des Gehirns, parapsychologische Medien, außerkörperliche Erfahrungen, zurückgewonnene Erinnerungen, Lügendetektortests, Liebesbeziehungen, Kindererziehung, sexueller Kindesmissbrauch, psychische Störungen, Verbrechen und Psychotherapie, um nur einige Themen zu nennen. Auch bei einem Spaziergang durch eine beliebige Buchhandlung präsentieren sich uns mindestens Dutzende, oft sogar Hunderte von Büchern zu den Themen Selbsthilfe, Beziehungen, Genesung und Abhängigkeit, die uns mit guten Ratschlägen auf unserem steinigen Weg durch das Leben führen sollen. Für jene, die psychologische Ratschläge umsonst erhalten wollen, gibt es diese im Internet unbegrenzt. Die Industrie der populären Psychologie formt die Welt des 21. Jahrhunderts in unzähligen Arten.

Aber zu einem überraschend großen Anteil ist das, was wir in der Psychologie für wahr halten, oft falsch. Auch wenn uns Unmengen von Quellen bezüglich populärer Psychologie in Buchläden und im Internet zur Verfügung stehen, so sind diese doch voller Irrtümer und Missverständnisse. In unserer schnelllebigen Welt mitsamt der Informationsüberflutung sind Fehlinformationen zum Thema Psychologie mindestens genauso weit verbreitet wie korrekte Informationen. Leider gibt es nur wenige Bücher, die dabei behilflich sind, die schwierige Aufgabe der Unterscheidung zwischen Wahrheit und Fiktion in der populären Psychologie zu bewältigen. Stattdessen sind wir Selbsthilfe-Gurus, Talkshowmoderatoren und selbsternannten Gesundheitsexperten für psychische Erkrankungen ausgeliefert. Viele von ihnen verteilen psychologische Ratschläge, die aus einer verwirrenden Mischung von Wahrheiten, Halbwahrheiten und völligen Unwahrheiten bestehen. Ohne einen verlässlichen Reiseführer, der uns hilft, psychologische Irrtümer von der Wirklichkeit zu unterscheiden, sind wir gefährdet, uns in einem Dschungel von Missverständnissen zu verirren.

Viele der bekanntesten Irrtümer der populären Psychologie führen uns nicht nur was die menschliche Natur betrifft in die Irre, sie verleiten uns auch dazu, unkluge Entscheidungen in unserem Alltag zu treffen. Diejenigen, die fälschlicherweise glauben, dass Leute gewöhnlich Erinnerungen an schmerzhafte Erfahrungen unterdrücken (siehe Irrtum 11), könnten viel Zeit in ihrem Leben damit verbringen, sinnlose Versuche zu unternehmen, um traumatische Kindheitserinnerungen an Ereignisse zutage zu bringen, die nie stattgefunden haben. Diejenigen, die glauben, dass Glücklichsein von äußeren Umständen abhängig ist (siehe Irrtum 18), könnten sich ausschließlich auf die Umwelt anstatt sich selbst konzentrieren, um die perfekte „Formel" für langfristige Zufriedenheit zu finden. Und diejenigen, die glauben, dass sich Gegensätze in Liebesbeziehungen anziehen (siehe Irrtum 20), könnten einen Großteil ihres Lebens damit verbringen, einen Seelenverwandten zu suchen, der sich in seiner Persönlichkeit und seinen Werten stark von ihnen unterscheidet – nur um zu spät festzustellen, dass solche Verbindungen selten gut funktionieren. Irrtümer sind von großer Bedeutung.

Wie der Wissenschaftspädagoge David Hammer (1996) anmerkte, haben wissenschaftliche Missverständnisse vier Eigenschaften. Sie sind (1.) stabile und häufig innere Überzeugungen über die Welt, sie werden (2.) durch etablierte Beweise widerlegt, (3.) beeinflussen sie, wie Menschen die Welt sehen und müssen (4.) korrigiert werden, um ein korrektes Wissen zu erlangen. Für unseren Zweck ist der letzte Punkt von besonderer Bedeutung. Unserer Meinung nach sollte das Widerlegen dieser Irrtümer eine essentielle Komponente in der psychologischen Ausbildung sein, weil Irrglauben, der sich tief in einer Person festgesetzt hat, verhindern kann, dass ein Student die menschliche Natur begreift.

Es gibt zahlreiche Definitionen des Wortes „Irrtum" in Lexika, aber diejenigen, die aus dem *American Heritage Dictionary* (2000) stammen, eignen sich für unsere Zwecke am besten: „ein weit verbreiteter (aber falscher) Glaube oder eine solche Geschichte, der/die mit einer Person, einer Einrichtung oder einer Begebenheit in Verbindung gebracht wird" oder „eine Erfindung oder Halbwahrheit, insbesondere eine, die einen Teil einer

Weltanschauung bildet". Die meisten Irrtümer, die wir in diesem Buch präsentieren, sind weit verbreitete Annahmen, die offenkundig psychologischen Forschungsergebnissen widersprechen. Andere wiederum sind Übertreibungen und verzerrte Darstellungen von Behauptungen, die aber ein Körnchen Wahrheit beinhalten. So oder so, sind die meisten Irrtümer in diesem Buch so fesselnd, weil sie in das Menschheitsbild passen, das viele Leute einleuchtend finden. Zum Beispiel verzahnt sich die falsche Annahme, dass wir nur 10% unserer Gehirnkapazitäten verwenden (siehe Irrtum 1), mit dem Glauben, dass viele Menschen ihr intellektuelles Potential nicht völlig realisiert haben. Der Irrglaube, dass geringes Selbstbewusstsein ein Hauptgrund für eine Verhaltensstörung ist (siehe Irrtum 23), passt zu der Annahme, dass wir alles erreichen können, wenn wir nur an uns selbst glauben.

Viele psychologische Mythen sind nachvollziehbare Versuche, unserer Welt einen Sinn zu geben. Wie der deutsche Soziologe und Wissenschaftstheoretiker Klaus Manhart (2005) feststellte, haben Irrglauben in der Geschichte zentrale Funktionen erfüllt: Sie stellen den Versuch dar, das sonst Unerklärliche zu erklären. Tatsächlich sind viele Irrtümer, die in diesem Buch besprochen werden, Versuche, sich mit einigen beständigen Mysterien des Lebens auseinanderzusetzen. Hierunter fällt zum Beispiel auch der Glaube, dass Träume symbolische Bedeutung haben, was in diesem Fall die zugrunde liegende Bedeutsamkeit unserer nächtlichen Seelenwelt zum Inhalt des Rätsels macht.

Unser Buch ist das erste, das die volle Bandbreite populärer Psychologie und zugleich verbreitete psychologische Missverständnisse unter das wissenschaftliche Mikroskop nimmt. Damit hoffen wir, gängige, aber falsche Annahmen ausräumen und die Leser mit korrektem Wissen ausrüsten zu können, mit dem sie bessere Entscheidungskriterien zur Hand haben. Unser Tonfall ist zwanglos, einnehmend und manchmal respektlos. Wir haben uns besonders bemüht, das Buch für Studierende der ersten Semester sowie Laien zugänglich zu gestalten. Es wird kein psychologisches Fachwissen vorausgesetzt. Darum haben wir allgemeinsprachliche Ausdrücke in ihrer Anzahl gering gehalten. Fachleute wie auch Laien können dadurch gleichermaßen an diesem Buch Gefallen finden.

Wir beginnen mit einer Erkundung der überwältigenden Welt der populären Psychologie, der Gefahren, die psychologische Irrtümer darstellen, und mit den zehn Hauptursachen für die Mythen. Später untersuchen wir 25 Irrtümer der populären Psychologie. Für jeden Irrglauben diskutieren wir sein Vorkommen in der allgemeinen Bevölkerung, besprechen erläuternde Beispiele aus der weiten Welt der populären Psychologie und ihre potentiellen Ursprünge sowie Forschungsergebnisse, die sich darauf beziehen. Auch wenn eines unserer Hauptziele ist, Irrtümer zu zerstreuen, werden wir die Mythen nicht nur aufdecken. Bei jedem Irrglauben werden wir auch diskutieren, was an ihm der *Wahrheit* entspricht. Dabei werden wir psychologisches Wissen vermitteln, welches die Leser aufnehmen und in ihrem alltäglichen Leben anwenden können. Einige der 25 Irrtümer werden von kurzen „Mythenkiller: Ein genauer Blick"-Kästen begleitet, in dem ein ähnlicher Irrglauben erläutert wird. Um deutlich zu machen, dass die Wahrheit in der Psychologie ebenso faszinierend ist, wenn nicht sogar faszinierender als ein psychologischer Irrtum, bietet das Buch ein Postskriptum mit einer im David-Letterman-Stil gehaltenen „Top 10"-Liste interessanter psychologischer Befunde, die sich wie Mythen anhören, aber tatsächlich wahr sind.

Dieses Buch, so meinen wir, wird verschiedene Leserkreise ansprechen. Studenten in Einführungsveranstaltungen und Seminaren zu Forschungsmethoden genauso wie Dozenten dieser Kurse werden das Buch besonders interessant finden. Viele Studierende beginnen solche Kurse mit falschen Vorstellungen, die eine ganze Reihe psychologischer Themen betreffen. Diesen Missverständnissen ins Auge zu sehen, ist meistens ein wichtiger Schritt, um korrektes Wissen vermitteln zu können. Weil wir das Buch rund um acht Arbeitsbereiche gestaltet haben, die für gewöhnlich im Grundstudium abgedeckt werden, wie zum Beispiel die Funktionsweisen des Gehirns und der Wahrnehmung, das Gedächtnis, Lernen und Intelligenz, Emotionen und Motivation, Sozialpsychologie und Persönlichkeit, kann dieses Buch entweder als alleinstehendes oder als ergänzendes Lehrbuch für diese Kurse eingesetzt werden. Dozenten, die dieses Buch in Kombination mit einem Standardlehrbuch zum Thema Einführung in die Psychologie verwenden, können einige oder alle Irrtümer aus den Kapiteln leicht dem dazugehörigen Thema des verwendeten Lehrbuches hinzufügen.

Laien, die daran interessiert sind, mehr über Psychologie zu erfahren, werden dieses Buch als unschätzbares und leserfreundliches Hilfsmittel und als unterhaltsames Handbuch für Psychologiewissen zu schätzen wissen. Praktizierende Psychologen, andere Berufstätige mit qualifizierter

Ausbildung (etwa Psychiater, Krankenpfleger/-schwestern in psychiatrischen Krankenanstalten, psychologische Berater und Sozialarbeiter), Psychologiedozenten, Forscher des Fachbereichs Psychologie und Studierende sowie Doktoranden des Faches Psychologie werden das Buch als angenehme Unterhaltung empfinden, genauso wie es auch für sie eine wertvolle Hinweisquelle sein wird. Schließlich glauben wir, dass das Buch allen Journalisten, Autoren und Dozenten, deren Arbeit auch die Psychologie miteinschließt, empfohlen (wenn nicht sogar nahegelegt) werden sollte. Dieses Buch sollte auch sie davor schützen, genau den psychologischen Missverständnissen zum Opfer zu fallen, vor denen wir unsere Leser so eindringlich warnen.

Dieses Projekt hätte niemals ohne die Hilfe von verschiedenen talentierten und engagierten Personen zu einem guten Abschluss kommen können. Zuallererst möchten wir uns sehr herzlich bei unserer Lektorin bei Wiley-Blackwell, Christine Chardonne, bedanken, über die wir nicht genug Gutes sagen können. Chris hat unschätzbare Führung durch das Projekt hindurch geboten und wir sind ihr für ihre Unterstützung und Ermutigungen zu tiefstem Dank verpflichtet. Wir schätzen uns selbst besonders glücklich darüber, dass wir mit einem so kompetenten, freundlichen und geduldigen Menschen wie Chris zusammenarbeiten durften. Als Zweites möchten wir uns bei Sean O'Hagen für seine freundliche Hilfe bei der Erstellung der Bibliographie und des Kapitels zum Thema Altern bedanken. Alison Cole danken wir für ihre Unterstützung beim Midlife-Crisis-Irrtum, Otto Wahl für seine Mitwirkung beim Schizophrenie-Irrtum, Fern Pritikin Lynn, Ayelet Meron Ruscio und Susan Himes gebührt unser Dank für ihre hilfreichen Ratschläge bezüglich diverser Irrtümer. Als Drittes möchten wir Constance Adler, Hannah Rolls und Annette Abel von Wiley-Blackwell für ihre redaktionelle Hilfe und das Redigieren der Texte danken.

Als Viertes danken wir den folgenden Korrekturlesern von Entwürfen des Buches und verschiedensten Kapiteln, deren Kommentare, Ratschläge und konstruktive Kritik außerordentlich hilfreich für uns waren, um unsere ersten Konzepte zu verbessern. Folgenden Personen sind wir zu ganz besonderem Dank verpflichtet: David R. Barkmeier, Northeastern University; Barney Beins, Ithaca College; John Bickford, University of Massachusetts-Amhert; Stephen F. Davis, Morningside College; Sergio Della Sala, University of Edinburgh; Dana Dunn, Moravian College; Brandon Gaudiano, Brown University; Eric Landrum, Boise State University; Dap

Louw, University of the Free State; Loreto Prieto, Iowa State University; Jeff Ricker, Scottsdale Community College; und zahlreichen Dozenten, die an unserer ersten Umfrage teilgenommen haben.

Wir sind stolz darauf, dieses Buch im Andenken unserem geschätzten Freund, Kollegen und Mitautor Barry Beyerstein zu widmen. Obwohl sein Beitrag zu diesem Buch durch seinen verfrühten Tod im Jahr 2007 im Alter von 60 Jahren nicht groß war, trägt das Manuskript die Spuren seines scharfen Verstands und seiner Fähigkeit, komplexe Ideen einem großen Publikum näher zu bringen. Wir wissen, dass Barry besonders stolz auf dieses Buch sein würde, weil es die von ihm als besonders wichtig wahrgenommene Aufgabe verkörpert, die Öffentlichkeit über das Versprechen der wissenschaftlichen Psychologie aufzuklären: nämlich über unser Wissen darüber, was es bedeutet, Mensch zu sein, und über die Fallgruben von Pseudowissenschaften. Wir erinnern uns liebevoll an Barry Beyersteins Leidenschaft für das Leben und sein Mitgefühl anderen gegenüber und widmen ihm dieses Buch im Gedenken an sein dauerhaftes Vermächtnis für die Verbreitung der wissenschaftlichen Psychologie.

Als Autoren wünschen wir uns sehr, dass Ihnen das Lesen dieses Buches genauso viel Freude bereiten wird wie uns das Schreiben ein Vergnügen war. Wir freuen uns über Rückmeldungen zu dem Buch und, nicht zu vergessen, Vorschläge zu weiteren Irrtümern für zukünftige Auflagen.

Möge das Aufdecken von Irrtümern beginnen!

Einleitung

Die weite Welt der Psychomythologie

„Gegensätze ziehen sich an.“
„Wer mit der Rute spart, verzieht das Kind.“
„Vertrautheit zeugt Missachtung.“

Wahrscheinlich haben Sie diese drei Sinnsprüche schon häufig gehört. Mehr sogar: Wahrscheinlich halten Sie sie für so selbstverständlich wie Ihr Recht auf Leben, Freiheit und das Streben nach Glück. Unsere Lehrer und Eltern haben uns immer wieder versichert, dass diese Sinnsprüche wahr seien und unsere Intuitionen und Lebenserfahrungen scheinen dies zu bestätigen.

Dennoch bestätigt die psychologische Forschung, dass alle drei Redensarten, jedenfalls so, wie sie allgemein aufgefasst werden, sich größtenteils nicht bewahrheiten oder sich sogar als gänzlich falsch erweisen. Gegensätze in Liebesbeziehungen ziehen einander nicht an. Das Gegenteil ist in der Regel der Fall: Wir fühlen uns am meisten von den Menschen angezogen, die uns in ihrer Persönlichkeit, ihren Einstellungen und Werten ähneln (siehe Irrtum 20). Wenn man nicht die Rute einsetzt, verwöhnt das Kinder nicht automatisch. Im Gegenteil ist es sogar erwiesen, dass körperliche Züchtigungen meistens keine positiven Auswirkungen auf das Verhalten von Kindern haben. Mit etwas vertraut zu sein, bringt gewöhnlich Behaglichkeit mit sich, nicht aber Missachtung. In der Regel bevorzugen wir Dinge, die wir bereits kennen, vor dem Unbekannten.

Die Industrie der populären Psychologie

Mit Sicherheit haben Sie noch viele weitere „Tatsachen“ von der Alltagspsychologie „gelernt“. Diese auch abwertend Küchenpsychologie genannte Disziplin umfasst ein ausgedehntes Geflecht aus Quellen gewöhnlicher

Informationen über menschliches Verhalten. Das schließt Fernsehsendungen, Radiotalkshows, Hollywoodfilme, Selbsthilfebücher, Zeitschriften, Boulevardzeitungen und Internetseiten mit ein. Beispielsweise lehrt uns die Alltagspsychologie Folgendes:

- wir verwenden lediglich 10% unserer Gehirnkapazitäten
- unser Gedächtnis funktioniert wie Videobänder oder Kassettenrekorder
- wenn wir wütend sind, ist es besser, der Wut freien Lauf zu lassen statt sie zu unterdrücken
- die meisten sexuell missbrauchten Kinder werden als Erwachsene selbst zu Kinderschändern

Dieses Buch wird zeigen, dass alle diese vier „Tatsachen" in Wahrheit nur weit verbreitete Annahmen sind. Auch wenn die Alltagspsychologie eine unersetzliche Quelle für Informationen sein kann, so enthält sie doch mindestens genauso viele falsche wie korrekte Informationen. Wir bezeichnen diese riesige Fülle an Fehlinformationen als Psychomythologie, weil sie aus Missverständnissen, modernen Legenden und Ammenmärchen aus der Psychologie besteht. Überraschenderweise gibt es nur sehr wenige Bücher, die mehr als ein paar Seiten dem Aufdecken dieser Irrtümer widmen. Genauso gibt es nur sehr wenige populäre Quellen, die Interessierte mit wissenschaftlichen Hilfsmitteln ausstatten, mithilfe derer es möglich wäre, wahre von unwahren Behauptungen zu unterscheiden. Ergebnis dieses Umstandes ist, dass viele Menschen, sogar jene, die Psychologie studiert haben, eine Menge über die Wahrheiten menschlichen Verhaltens wissen, nicht aber, was falsch ist.

Bevor wir nun fortfahren, möchten wir den Leser beruhigen. Auch wenn Sie alle eingangs genannten Mythen geglaubt haben, gibt es keinen Grund, sich zu schämen, da Sie sich in guter Gesellschaft befinden. Umfragen machen deutlich, dass ein Großteil der allgemeinen Bevölkerung sowie auch Studienanfänger im Fach Psychologie an die Richtigkeit dieser und anderer psychologischer Irrtümer glauben. Selbst der eine oder andere Psychologieprofessor glaubt, dass es sich bei den Irrtümern um Wahrheiten handelt.

Wenn Sie sich wegen Ihres „Psychologie-IQs" immer noch ein bisschen unsicher fühlen, sollten Sie sich vor Augen halten, dass der griechische Philosoph Aristoteles (384–322 v. Chr.), der als einer der klügsten Menschen gilt, die je gelebt haben, glaubte, dass Emotionen im Herzen und nicht im Gehirn entstehen und dass Frauen dümmer seien als Männer. Er war sogar davon überzeugt, dass Frauen weniger Zähne besäßen als Männer! Die falschen Annahmen des Aristoteles führen uns vor Augen, dass hohe Intelligenz einen nicht vor dem Glauben an Psychomythologie bewahrt. Das Hauptthema dieses Buches ist daher, dass wir alle Opfer falschen Wissens über Psychologie werden können, wenn wir uns nicht mit den korrekten Fakten wappnen. Dies ist heute noch so wahr, wie es das bereits vor Jahrhunderten gewesen ist.

Im 18. Jahrhundert war eine psychologische Disziplin namens Phrenologie in weiten Teilen Europas wie auch Amerika eine beliebte Wissenschaft. Phrenologen waren der Meinung, dass besondere geistige Fähigkeiten wie beispielsweise dichterisches Talent, Kinderliebe, Gespür für Farben oder Religiosität einzelnen Bereichen des Gehirns zugeordnet werden konnten. Ihrem Wissen nach war es möglich, die Persönlichkeit eines Menschen durch das Ausmessen der Kopfform zu erfassen (sie glaubten fälschlicherweise, dass große Hirnareale Beulen im Schädel hervorrufen würden). Die Typologie der Psyche umfasste dabei vermutlich zwischen 27 und 43 Eigenschaften. „Phrenologie-Sprechzimmer", in denen es neugierigen Klienten möglich war, ihre Häupter und Persönlichkeiten vermessen zu lassen, schossen in dieser Zeit überall aus dem Boden. In diesem Zusammenhang entstand im englischsprachigen Raum auch der populäre Satz „having one's head examined". Dennoch erwies sich die Phrenologie in einem bedeutenden gesellschaftlichen Zusammenhang als bemerkenswertes Beispiel der Psychomythologie, da Studien schließlich zeigten, dass die vorhergesagten Änderungen nach Beschädigung bestimmter Gehirnareale so gut wie nie zutrafen. Auch wenn die Phrenologie heute als Wissenschaft tot ist, sind viele andere Bereiche der Psychomythologie noch immer überall anzutreffen.

Mit diesem Buch möchten wir Ihnen helfen, zwischen Fakt und Vermutung im Bereich der populären Psychologie zu unterscheiden. Wir werden Sie mit einer Reihe von Fähigkeiten ausstatten, mit denen Sie die Märchen entlarven und psychologische Behauptungen wissenschaftlich bewerten können. Wir werden nicht nur weit verbreitete Mythen der Psychologie aufklären, sondern auch erläutern, was sich in den unterschiedlichen Wissensgebieten als korrekt herausgestellt hat. Wir hoffen, Sie davon überzeugen zu können, dass die wissenschaftlich belegte Forschung mindestens genauso interessant ist wie die falschen Thesen – wenn sie sich nicht sogar meist als noch überraschender erweist.

Dies soll nicht bedeuten, dass wir alles ignorieren sollten, was die „Küchenpsychologie“ zu bieten hat. Viele Selbsthilfebücher ermutigen uns dazu, für unsere Fehler selbst die Verantwortung zu übernehmen, Kindern eine liebevolle und fördernde Umgebung zu bieten, sich moderat und ausgewogen zu ernähren, regelmäßig Sport zu treiben und sich auf Freunde und andere Unterstützung zu verlassen, wenn es uns schlecht geht. Im Großen und Ganzen sind es kluge Ratschläge, auch wenn sie bereits unsere Großmutter kannte.

Das Problem ist, dass die Alltagspsychologie diese Ratschläge oft mit Thesen vermischt, die jedem wissenschaftlichen Indiz widersprechen. Zum Beispiel empfehlen uns Talkshow-Psychologen regelmäßig, bei Beziehungsfragen immer unserem Herzen zu folgen, obwohl dieser Rat in einer falschen Entscheidung enden kann. Der bekannte Fernsehpsychologe Dr. Phil McGraw („Dr. Phil“) empfiehlt den Lügendetektortest, um herauszufinden, welcher Partner in einer Beziehung derjenige ist, der lügt. Allerdings werden wir später (siehe Irrtum 23) sehen, dass der Lügendetektortest alles andere als unfehlbar ist.

Küchenpsychologie

Wie der Persönlichkeitspsychologe George Kelly (1955) betonte, sind wir alle Alltagspsychologen. Wir versuchen kontinuierlich herauszufinden, wie unsere Freunde, Familienmitglieder, Lebenspartner und Fremde funktionieren und wieso sie so handeln wie sie handeln. Die Psychologie ist ein unausweichlicher Teil unseres täglichen Lebens. Ob es sich nun um unsere Liebesbeziehungen, Freundschaften, Gedächtnislücken, emotionale Ausbrüche, Schlafstörungen, das Abschneiden bei Prüfungen oder Anpassungsschwierigkeiten handelt, wir sind heute überall von Psychologie umgeben. Die Boulevardpresse bombardiert uns beinahe täglich mit Behauptungen über Entwicklungen in den Bereichen Erziehung, Ausbildung, Sexualität, Intelligenztests, Gedächtnis, Verbrechen, Drogenmissbrauch, psychische Störungen, Psychotherapie, Entwicklung des Gehirns und einer erstaunlich breiten Palette anderer Themen. In den meisten Fällen müssen wir diesen Behauptungen Glauben schenken, weil wir die wissenschaftlichen Methoden, die man benötigt, um sie zu evaluieren, nicht erlernt haben. Wie der Mythenentlarver und Neurowissenschaftler Sergio

Della Sala (1999) uns in Erinnerung ruft, „sind entsprechende Bücher für Glaubende im Überfluss vorhanden und werden in großen Mengen verkauft".

Das ist schade, denn obwohl einige alltagspsychologische Behauptungen durchaus als gesichert gelten, trifft dies für die größere Anzahl anderer Behauptungen nicht zu. In der Tat besteht ein großer Teil der Alltagspsychologie aus Eingebungen, wie der Psychologe Paul Meehl (1993) schrieb: Es seien Annahmen über das Verhalten von Menschen, die nur auf unserem Gespür basieren. Dabei lehrt uns die Geschichte der Psychologie einen unbestreitbaren Fakt: Auch wenn unsere Intuitionen beim Aufstellen von Hypothesen sehr nützlich sein können, so sind sie dennoch oft beklagenswert falsch, wenn es darum geht herauszufinden, ob die Hypothesen auch zutreffen. Das ist wahrscheinlich darauf zurückzuführen, dass das Gehirn zwar dazu gemacht ist, alles um sich herum zu begreifen, nicht jedoch, um sich selbst zu verstehen. Dieses Dilemma nannte der Fachbuchautor Jacob Bronowski (1966) „Reflexivität". Zudem erfinden wir nachträglich häufig nachvollziehbare, aber falsche Erklärungen für unser eigenes Verhalten. Eine Konsequenz daraus ist, dass wir uns fälschlicherweise selbst einreden, wir würden unsere eigenen Beweggründe verstehen.

Psychologische Wissenschaft und gesunder Menschenverstand

Ein Grund dafür, dass wir uns von der Alltagspsychologie so leicht einwickeln lassen, liegt darin, dass sie mit unserem gesunden Menschenverstand übereinstimmt: also mit unseren Vorahnungen, Intuitionen und ersten Eindrücken. Vielleicht haben Sie sogar schon einmal die Behauptung gehört, dass einem Großteil der Psychologie nur „Menschenverstand" zugrunde liegen würde. Viele vermeintliche Fachleute drängen darauf, sich auf sein Urteilsvermögen zu verlassen, wenn es darum geht, Behauptungen zu überprüfen. Der bekannte Radio-Talkshow-Moderator Dennis Prager informiert seine Zuhörer immer wieder begeistert darüber, „dass es auf der Welt zwei Arten von Studien gibt: die, die unseren gesunden Menschenverstand bestätigen, und solche, die falsch sind". Pragers Ansichten über den gesunden Menschenverstand teilt wahrscheinlich ein Großteil der Allgemeinheit:

> Benutzen Sie Ihren Menschenverstand. Wann immer Sie die Worte „Studien zeigen" hören – außerhalb der Naturwissenschaften – und Sie der Meinung sind, dass diese Studien das Gegenteil dessen zeigen, was Ihre Urteilsfähigkeit Ihnen sagt, seien Sie skeptisch. Ich erinnere mich nicht daran, jemals von einer ernsthaften Studie erfahren zu haben, die dem gesunden Menschenverstand widersprach (Prager, 2002, S. 1).

Seit Jahrhunderten drängen uns viele bekannte Philosophen, Wissenschaftler und Fachbuchautoren dazu, unserem eigenen Urteilsvermögen zu vertrauen. Der schottische Philosoph Thomas Reid (1710–1796) argumentierte, wir alle seien mit gesundem Menschenverstand geboren worden. Diese natürlichen Intuitionen seien die besten Werkzeuge, um fundamentale Wahrheiten über die Welt herauszufinden. Unlängst rief der bekannte Wissenschaftsautor John Horgan (2005) in einem der Leitartikel der *New York Times* dazu auf, auf den allgemeinen Menschenverstand auch in der Bewertung wissenschaftlicher Theorien, die Psychologie einbezogen, zu hören. Nach Horgans Ansicht widersprechen viele Studien, auch in der Physik und anderen Bereichen moderner Wissenschaften, zu oft dem gesunden Menschenverstand – ein Trend, den er höchst besorgniserregend findet. Zusätzlich hat es in den letzten Jahren eine Flut populärer, ja sogar als Bestseller verkaufter Bücher gegeben, die die Macht der Intuition und schneller Urteile verfechten. Die meisten dieser Bücher erkennen die Grenzen des gesunden Menschenverstands hinsichtlich der Bewertung wissenschaftlicher Thesen an, sind aber davon überzeugt, dass Psychologen traditionell die Präzision unserer Ahnungen unterschätzen.

Wie allerdings der französische Philosoph Voltaire bereits betonte, ist gesunder Menschenverstand nicht allzu weit verbreitet. Im Gegensatz zur Aussage von Dennis Prager sind psychologische Studien, die unserem allgemeinen Menschenverstand widersprechen, manchmal korrekt. Eines der Hauptziele dieses Buches ist, Sie darin zu bestärken, Ihrem Menschenverstand zu misstrauen, wenn es darum geht, psychologische Behauptungen zu beurteilen. Als allgemeine Regel sollten Sie auf eines achten: Sie sollten statt ihres Bauchgefühls lieber Forschungsergebnisse zu Rate ziehen, wenn Sie entscheiden möchten, ob eine wissenschaftliche These wahr ist. Die Forschung legt nahe, dass vorschnelle Urteile dabei helfen, Menschen einzuschätzen und unsere Vorlieben und Abneigungen vorauszuberechnen. Sie sind aber oftmals auch schrecklich ungenau, wenn es darum geht, den Wahrheitsgehalt von psychologischen Theorien oder Annahmen einzuschätzen. Bald werden wir sehen, weshalb dies der Fall ist.

Wie verschiedene Fachbuchautoren, einschließlich Lewis Wolpert (1992) und Alan Cromer (1993), beobachtet haben, ist Wissenschaft das Gegenteil von gesundem Menschenverstand. Mit anderen Worten nötigt uns die Wissenschaft dazu, unseren gesunden Menschenverstand beiseite zu legen, wenn wir wissenschaftliche Aussagen bewerten. Um Wissenschaft zu verstehen, und das schließt die Psychologie mit ein, müssen wir den Ratschlag des berühmten amerikanischen Schriftstellers Mark Twain befolgen und alte Gewohnheiten genauso gut verlernen, wie wir uns neue Gewohnheiten aneignen. Ganz besonders müssen wir eine bestimmte Neigung verlernen, die uns allen angeboren ist: die Neigung zu glauben, unser Bauchgefühl sei stets richtig.

Natürlich ist nicht alles, was unter dem Begriff Alltagspsychologie läuft, falsch. Die meisten Leute glauben, dass glückliche Angestellte mehr Arbeit zu erledigen in der Lage sind als unglückliche Arbeitnehmer. Psychologische Untersuchungen zeigen, dass diese Annahme korrekt ist. Dennoch haben Wissenschaftler – darunter auch Psychologen – immer wieder festgestellt, dass wir unserem gesunden Menschenverstand nicht immer vertrauen können. Zum Teil liegt dies daran, dass unsere nicht sonderlich präzise Wahrnehmung uns zuweilen beschwindelt.

Zum Beispiel glaubten die Menschen jahrhundertelang nicht nur, die Erde sei flach wie eine Scheibe – schließlich erscheint sie ja auch flach, wenn wir uns über sie bewegen –, sie waren auch davon überzeugt, dass sich die Sonne um die Erde dreht. Vor allem diese zweite „Tatsache" schien für nahezu jeden offensichtlich zu sein. Schließlich zeichnet die Sonne jeden Tag einen großen Bogen am Himmel, während wir stillzustehen scheinen. Doch in diesem Fall täuscht die Beobachtung. Wie der Wissenschaftshistoriker Daniel Boorstin (1983) anmerkte:

> Nichts könnte offensichtlicher sein, als dass die Erde stabil und unbeweglich ist und dass wir der Mittelpunkt des Universums sind. Moderne westliche Wissenschaft beginnt mit der Leugnung dieses vernünftigen Grundsatzes ... Der gesunde Menschenverstand, das Fundament des Alltags, kann nicht mehr länger der Weltherrschaft dienen (S. 294).

Nun möchten wir ein weiteres Beispiel vorstellen. Michael McCloskey (1983) hatte in einer Studie Studenten aufgefordert, den Weg einer Kugel vorherzusagen, die gerade eine Spirale verlassen hatte. Ungefähr die Hälfte der Studenten glaubte, dass die Kugel sich weiterhin spiralförmig fortbewegen würde, wenn sie die Spirale verlassen hätte (in Wahrheit jedoch wird sich die Kugel in einer geraden Linie weiterbewegen, wenn sie die Spirale verlassen hat). Diese Studenten beriefen sich für gewöhnlich auf allgemeingültige Vorstellungen wie die „Eigendynamik", wenn sie ihre Annahmen rechtfertigten (beispielsweise: „Die Kugel ist auf eine bestimmte Weise losgerollt, also wird sie auch so weiterrollen"). Auf diese Weise behandelten sie die Kugel nahezu wie eine Person, zum Beispiel einen Eiskunstläufer, der beginnt, sich auf dem Eis zu drehen und sich entsprechend weiterdreht. Hier hatte ihre Intuition sie hereingelegt.

Ein weiteres wunderbares Beispiel ist eine Darstellung bekannt unter dem Titel „Shepards Tische". Zu sehen sind zwei Tischoberflächen, die vermeintlich nicht dieselbe Größe haben. Diese Antwort erscheint zunächst offensichtlich. Aber ob Sie es glauben oder nicht, die Tischoberflächen sind exakt gleich groß. Genauso wie wir unseren Augen nicht immer trauen sollten, so sollten wir auch unseren Eingebungen nicht immer glauben. Die Quintessenz lautet: Sehen ist glauben, aber sehen heißt nicht immer, dass wir das Richtige annehmen.

„Shepards Tische" ist eine optische Täuschung – ein Bild, das unser visuelles Bewusstsein hereinlegt. Im übrigen Teil des Buches wird uns eine große Bandbreite kognitiver Täuschungen begegnen – Phänomene also, die unserem Denken einen Streich spielen. Wir können uns viele oder sogar die meisten psychologischen Irrtümer als kognitive Illusionen vorstellen, weil sie uns ähnlich wie optische Täuschungen gedanklich hintergehen.

Warum sollte uns all das interessieren?

Wieso ist es wichtig, über psychologische Irrtümer Bescheid zu wissen? Es gibt mindestens drei Gründe:

(1) *Psychologische Irrtümer können Schäden anrichten.* Richter beispielsweise, die fälschlicherweise glauben, dass das Gedächtnis wie ein Videoband funktioniert, könnten einen Angeklagten aufgrund einer falschen Zeugenaussage schuldig sprechen, wobei der Zeuge wirklich an seine Aussage glaubt (siehe Irrtum 9). Eltern, die glauben, dass das Schlagen von Kindern als Bestrafung eine effektive Erziehungsmethode ist, könnten zu dieser drastischen Maßnahme greifen und dann lediglich feststellen, dass das unerwünschte Verhalten der Kinder eher häufiger auftritt anstatt abzunehmen.

(2) *Psychologische Irrtümer können auch indirekt Schaden verursachen.* Sogar falsche Annahmen, die an sich harmlos sind, können indirekt bedeutsame Schäden anrichten. Wirtschaftswissenschaftler benutzen den Ausdruck Opportunitätskosten in Bezug auf die Tatsache, dass kranke Menschen, die sich auf nutzlose Therapien einlassen, die Gelegenheit versäumen, notwendige Hilfe zu erhalten. Menschen zum Beispiel, die irrtümlich annehmen, dass vermeintlich unterbewusst wirkende Selbsthilfe-Videos eine effektive Methode zum Abnehmen sind, können viel Zeit, Geld und Einsatz auf ihren Irrtum verwenden (siehe Irrtum 3). Dadurch entgehen ihnen vielleicht wissenschaftlich erprobte Schlankheitskuren, die von größerem Nutzen sein könnten.

(3) *Die Akzeptanz psychologischer Irrtümer kann unsere kritische Haltung in anderen Bereichen ebenfalls hemmen.* Wie der Astronom Carl Sagan (1995) bemerkte, kann die Unfähigkeit, einen Irrtum in einem bestimmten Bereich, wie zum Beispiel in der Psychologie, zu erkennen, dazu führen, dass auch in anderen wichtigen Bereichen der modernen Gesellschaft Fehler bei der Unterscheidung zwischen Wahrheit und Irrtum gemacht werden. Dies schließt Gentechnik, Stammzellenforschung, Klimaerwärmung, Umweltverschmutzung, präventive Verbrechensbekämpfung, die Ausbildung, Kinderbetreuung und Überbevölkerung mit ein, um nur einige wenige Felder zu benennen. Als Folge davon sind wir Politikern auf Gedeih und Verderb ausgeliefert, die unkluge oder sogar gefährliche Entscheidungen in den Bereichen Wissenschaft und Technologie treffen. Wie Sir Francis Bacon uns ermahnte: Wissen ist Macht, Ignoranz ist Machtlosigkeit.

Die 10 Quellen psychologischer Irrtümer: Ihre Mythen-Entlarvungs-Ausrüstung

Wie entstehen psychologische Irrtümer und Missverständnisse?

Wir werden versuchen, Sie davon zu überzeugen, dass es hauptsächlich zehn Möglichkeiten gibt, wie wir uns alle von plausibel klingenden, aber dennoch falschen psychologischen Behauptungen täuschen lassen. Es ist sehr wichtig zu begreifen, dass alle Menschen anfällig für diese zehn Quellen des Irrtums sind und dass wir alle hin und wieder auf sie hereinfallen.

Wissenschaftlich zu denken bedeutet, dass wir uns diese Fehlerquellen bewusst machen und lernen, sie auszugleichen. Erfahrene Wissenschaftler sind ebenso anfällig für diese Fehlerquellen wie jede andere Person auch. Gute Wissenschaftler haben allerdings eine Reihe von Schutzmaßnahmen ergriffen – die wissenschaftliche Methode genannt – um sich vor den Fehlerquellen zu schützen. Die wissenschaftliche Methodik ist eine Werkzeugkiste voller Fachkenntnisse. Sie wurde entwickelt, um zu verhindern, dass Wissenschaftler sich selbst zum Narren machen. Wenn Sie sich die zehn wichtigsten Fehlerquellen der Psychomythologie bewusst machen, wird es sehr viel unwahrscheinlicher sein, dass Sie auf falsche Behauptungen hereinfallen.

Es ist sinnvoll, dass Sie sich die zehn Fehlerquellen gut einprägen, da sie immer wieder in diesem Buch vorkommen werden. Zusätzlich wird Ihnen dieses Wissen im Alltag helfen, eine Menge Behauptungen der Küchenpsychologie als falsch zu entlarven. Stellen Sie sich die Hilfsmittel als Ihre Irrtum-Entlarvungs-Ausrüstung vor, die Ihnen Ihr Leben lang zur Verfügung stehen wird.

(1) Mundpropaganda

Viele falsche Volksmärchen werden durch mündliche Überlieferung über mehrere Generationen hinweg aufrechterhalten. Zum Beispiel ist die Redewendung „Gegensätze ziehen sich an“ einprägsam und leicht zu merken, weshalb die Menschen dazu tendieren, sie immer wieder weiterzugeben. Viele moderne Mythen funktionieren auf ähnliche Weise. Vielleicht haben auch Sie davon gehört, dass in der Kanalisation New Yorks vermeintlich Alligatoren leben, oder von der Dame, die es mit ihrem nassen Pudel nur gut meinte und ihn zum Trocknen in eine Mikrowelle setzte, in der er dann explodierte. Viele Jahre lang hat einer der Autoren dieses Buches die Geschichte einer Frau weitererzählt, die glaubte, sie habe sich einen Chihuahua gekauft, nur um sich Wochen später von ihrem Tierarzt darüber informieren zu lassen, dass es sich in Wahrheit um eine riesige Ratte handelte. Auch wenn diese Kuriositäten unterhaltsam sind, so sind sie dennoch genauso falsch wie die psychologischen Irrtümer, die wir Ihnen in diesem Buch präsentieren werden.

Die Tatsache, dass wir eine Behauptung immer wieder hören, macht diese noch lange nicht zu einer Wahrheit. Es kann aber dazu führen, dass wir eine Behauptung als wahr akzeptieren, auch wenn sie eigentlich falsch ist, weil uns die Aussage durch die Wiederholung vertraut wird. Das führt dazu, dass man Vertrautheit mit Korrektheit verwechselt. Werbefachleute, die uns immer wieder erklären, dass „sieben von acht befragten Zahnärzten Strahlemann-Zahnpasta gegenüber anderen Marken empfehlen!", schlagen aus diesem Prinzip gnadenlos Kapital. Darüber hinaus zeigt sich in Untersuchungen, dass es keinen Unterschied macht, ob eine Person zehnmal dieselbe Meinung äußert („Joe Smith hat am ehesten das Zeug, Präsident zu werden!") oder ob zehn unterschiedliche Personen diese Ansicht einmal mitteilen. In beiden Fällen nehmen die Versuchspersonen gleichermaßen an, dass es sich um eine weit verbreitete Meinung handelt. Hören wird oft gleichgesetzt mit glauben, insbesondere dann, wenn wir eine Aussage immer wieder hören.

(2) Der Wunsch nach einfachen Antworten und schnellen Lösungen

Sehen wir der Wahrheit ins Gesicht: Das alltägliche Leben ist nicht einfach, nicht einmal für diejenigen unter uns, die sich sehr gut angepasst haben. Viele von uns kämpfen mit ihrem Gewicht, brauchen mehr Schlaf, möchten in Prüfungssituationen glänzen, am Beruf Gefallen finden und eine lebenslange romantische Beziehung mit ein und demselben Partner führen. Es ist kein Wunder, dass wir uns an Mittel klammern, die versprechen, uns narrensicher zu schnellen und schmerzlosen Verhaltensänderungen zu führen. Viele Diäten sind unglaublich populär, obwohl die Forschung zeigt, dass eine beträchtliche Menge derer, die diese Diäten durchführen, innerhalb weniger Jahre wieder ihr vorheriges Gewicht erreichen. Ähnlich beliebt sind Kurse, in denen das zügige Lesen gelehrt werden soll. Hier wird versprochen, dass die Lesegeschwindigkeit von nur 100 oder 200 Wörtern in der Minute auf 10 000 oder sogar bis zu 25 000 Wörtern pro Minute erhöht werden kann. Forscher haben allerdings herausgefunden, dass keiner dieser Kurse die Lesegeschwindigkeit der Teilnehmer erhöht, ohne ihre Auffassungsgabe herabzusetzen. Darüber hinaus übertreffen die Lesegeschwindigkeiten, die bei der Werbung angegeben werden, die höchstmögliche Lesegeschwindigkeit des menschlichen Auges: Diese liegt bei etwa 300 Wörtern in der Minute. Wenn wir den Lesern einen Rat geben dürfen: Wenn etwas zu gut klingt, um wahr zu sein, dann ist dem wahrscheinlich auch so.

(3) Selektive Wahrnehmung und Gedächtnis

Wie wir bereits festgestellt haben, nehmen wir die Realität selten bis nie genauso wahr wie sie in Wirklichkeit ist. Wir sehen sie durch unsere individuell verzerrte Wahrnehmung. Unsere Sicht definiert sich über unsere Vorurteile und Erwartungen, was dazu führen kann, dass wir die Welt im Kontext unserer eigenen, bereits existierenden Überzeugungen interpretieren. Allerdings sind sich die meisten Menschen nicht darüber im Klaren, wie sehr diese Überzeugungen ihre Wahrnehmung beeinflussen. Der Psychologe Lee Ross und seine Kollegen haben die fälschliche Annahme, dass wir die Welt so sehen wie sie ist, als *Naiven Realismus* bezeichnet. Der Naive Realismus macht uns nicht nur anfällig für psychologische Irrtümer, sondern reduziert auch unsere Fähigkeit zur Erkennung falscher Annahmen.

Ein treffendes Beispiel für die Veranschaulichung unserer selektiven Wahrnehmung und unseres selektiven Gedächtnisses ist unsere Tendenz, uns eher auf „Erfolgserlebnisse" – ein unvergessliches Zusammentreffen zweier Ereignisse – zu konzentrieren als auf unsere „Misserfolge" – die Abwesenheit eines unvergesslichen Zusammentreffens zweier Ereignisse. Um diese Konstellation verständlich zu machen, hilft es, sich das sogenannte „Große Vier-Säulen-Modell des Lebens" vor Augen zu halten. Viele Szenarien des Alltags können in einem Vier-Säulen-Modell dargestellt werden. Als Beispiel möchten wir die Frage wählen, ob es richtig ist, dass der Vollmond mit vermehrten Einweisungen in psychiatrische Kliniken assoziiert werden kann, so wie es Notärzte und Pflegepersonal allgemein behaupten. Um diese Frage zu beantworten, müssen die vier Zellen des Großen Vier-Säulen-Modells des Lebens untersucht werden: *Zelle A* beinhaltet die Fälle, in denen zugleich Vollmond war und es eine entsprechende Einweisung in eine psychiatrische Klinik gegeben hat. *Zelle B* beinhaltet jene Fälle, in denen Vollmond war und es keine entsprechende Einweisung in eine psychiatrische Klinik gegeben hat. *Zelle C* beinhaltet die Fälle, in denen kein Vollmond war, es aber eine entsprechende Einweisung in eine psychiatrische Klinik gegeben hat, und *Zelle D* beinhaltet die Fälle, in denen weder Vollmond war noch eine entsprechende Einweisung in eine psychiatrische Klinik stattgefunden hat. Indem alle vier Zellen des Modells verwendet werden, kann die Korrelation zwischen dem Umstand Vollmond und der Anzahl der Einweisungen in psychiatrische Kliniken berechnet werden.

Eine Korrelation ist eine statistische Messmethode, mit der errechnet werden kann, wie sehr zwei Variablen miteinander in Verbindung gebracht werden können (eine Variable ist eine schicke Bezeichnung für alles, was variieren kann, wie zum Beispiel Körpergröße, Haarfarbe, IQ oder Extraversion).

Das Problem ist Folgendes: Im wirklichen Leben gelingt es den meisten Menschen nur außerordentlich schlecht, Korrelationen innerhalb des Großen Vier-Säulen-Modells des Lebens einzuschätzen, weil wir gewöhnlich bestimmten Zellen zu viel Aufmerksamkeit schenken und andere nicht ausreichend beachten. Insbesondere *Zelle A* ist zu sehr im Fokus des Betrachters, wie Untersuchungen nachweisen. *Zelle B* hingegen wird deutlich zu wenig Beachtung geschenkt. Das ist nachvollziehbar, da *Zelle A* in der Regel wesentlich interessanter und einprägsamer ist als *Zelle B*. Letzten Endes bestätigt es unsere anfängliche Erwartung, wenn bei Vollmond viele Menschen in eine psychiatrische Klinik eingewiesen werden, so dass wir diesen Umstand eher bemerken und anderen davon erzählen. Die *Zelle A* ist ein „Erfolgserlebnis" – ein hervorstechendes Zusammentreffen zweier Variablen. Wenn Vollmond ist und niemand in eine psychiatrische Klinik eingewiesen wird, so wird dies kaum registriert oder erinnert. Es ist auch sehr unwahrscheinlich, dass jemand seinen Freunden aufgeregt erzählen wird: „Wow, letzte Nacht war Vollmond und rate mal, was passiert ist! Nichts!" Die *Zelle B* ist ein „Misserfolg" – also die Abwesenheit eines Zusammentreffens zweier Variablen.

Die menschliche Neigung, Erfolgserlebnisse abzuspeichern und Misserfolge zu vergessen, führt häufig zu einem bemerkenswerten Phänomen, das als *illusorische Korrelation* bezeichnet wird. Darunter versteht man die fälschliche Annahme, dass zwei statistisch unabhängige Ereignisse miteinander in Zusammenhang stehen. Der vermeintliche Zusammenhang zwischen dem Ereignis „Vollmond" und dem Ereignis „Einweisungen in psychiatrische Kliniken" ist ein bemerkenswertes Beispiel für eine solche illusorische Korrelation. Obwohl viele Menschen davon überzeugt sind, dass eine solche Korrelation existiert, beweist die Forschung, dass dies nicht der Fall ist. Der Glaube an den Vollmond-Effekt ist eine kognitive Illusion.

Illusorische Korrelationen können uns dazu verführen, eine Vielzahl von Assoziationen zu sehen, die gar nicht da sind. Beispielsweise bestehen viele an Arthrose erkrankte Menschen darauf, dass ihre Gelenkschmerzen bei regnerischem Wetter schlimmer sind als bei gutem Wetter. Aber Studien zeigen, dass dies eine Erfindung ihrer Einbildungskraft ist. Wahrscheinlich schenken Menschen mit Arthrose der *Zelle A* des Großen Vier-Säulen-Modells des Lebens zu viel Aufmerksamkeit – also dem Fall, dass es regnet und gleichzeitig ihre Gelenke schmerzen –, was sie zu der Annahme führt, dass es hier eine Korrelation geben muss, die in Wirklichkeit aber nicht existiert. Ähnlich liegt auch der Fall der bereits erwähnten Phrenologen, die einen Zusammenhang zwischen Schädelformen und Defiziten bei gewissen psychischen Fähigkeiten sahen und damit vollkommen unrecht hatten.

Ein anderes Beispiel illusorischer Korrelation ist die Annahme, dass Fälle von frühkindlichem Autismus, einer schwerwiegenden psychischen Erkrankung gekennzeichnet durch schwere Sprach- und Sozialdefizite, mit einer quecksilberbasierten Impfung in Verbindung stehen. Zahlreiche sorgfältig durchgeführte Studien haben keinen Zusammenhang zwischen frühkindlichem Autismus und der Verabreichung einer quecksilberbasierten Impfung finden können, auch wenn zehntausende Eltern autistischer Kinder von diesem Zusammenhang überzeugt sind. Aller Wahrscheinlichkeit nach schenken diese Eltern der *Zelle A* des Vier-Säulen-Modells zu viel Aufmerksamkeit. Man kann ihnen keinen Vorwurf daraus machen, wenn man sich vor Augen hält, dass die Betroffenen eine Ursache, wie beispielsweise eine Impfung, finden möchten, welche die autistische Erkrankung ihrer Kinder erklären könnte. Hinzu kommt, dass die Eltern sich möglicherweise durch die Tatsache in die Irre führen lassen, dass das erste Auftreten autistischer Symptome – meistens kurz nach dem zweiten Lebensjahr – häufig mit dem Alter übereinstimmt, in dem die Kinder die erwähnte Impfung erhalten.

(4) Fehlschluss von Kausalität auf Korrelation

Es ist verlockend, aber falsch, zu schlussfolgern, dass zwei Dinge, die statistisch zugleich auftreten (das bedeutet, dass zwei Dinge miteinander „korrelieren"), sich einander kausal bedingen. Wie Psychologen zu sagen pflegen: *Korrelation bedeutet nicht Kausalität.* Wenn also die Variablen A und B korrelieren, so kann es drei Gründe für diese Korrelation geben: (a) A könnte B verursachen, (b) B könnte A verursachen, (c) eine dritte Variable könnte sowohl A wie auch B verursachen. Die dritte Möglichkeit wird als das *Problem der dritten Variable* bezeichnet, weil C als dritte mögliche Variable zu einem Zusammenhang zwischen den Variablen A und C beitragen kann. Das Problem besteht darin, dass es möglich ist, dass die Forscher C nie erfasst haben; tatsächlich haben sie vielleicht gar nicht von der Existenz dieser Variablen gewusst.

Wir möchten das an einem konkreten Beispiel veranschaulichen. Zahlreiche Studien zeigen, dass körperliche Misshandlung im Laufe der Kindheit die Wahrscheinlichkeit erhöht, dass Menschen im Erwachsenenalter durch Aggressivität auffallen. Viele Forscher haben in diese statistische Assoziation hineininterpretiert, dass körperliche Gewalt im Kindesalter eine erhöhte Bereitschaft zu körperlicher Gewalt im Erwachsenenalter bedingt. Diese Interpretation wird „Teufelskreis der Gewalt"-Hypothese genannt. In diesem Fall wird angenommen, dass körperliche Misshandlung während der Kindheit (A) Gewalttätigkeit im Erwachsenenalter (B) verursacht. Aber ist diese Erklärung zwangsläufig richtig?

Selbstverständlich kann (B) die Situation (A) nicht auslösen, da Ereignis (B) nach Ereignis (A) stattfindet. Ein elementares Prinzip der Logik liegt darin, dass Ursachen ihren Auswirkungen vorausgehen müssen. Allerdings haben wir noch nicht widerlegt, dass nicht eine dritte Variable (C) die Gegebenheiten (A) wie auch (B) erklärt. Eine mögliche dritte Variable wäre in diesem Fall eine genetische Veranlagung zu Gewalttätigkeit. Vielleicht besitzen die meisten Eltern, die ihre Kinder körperlich misshandeln, eine genetische Veranlagung zu aggressivem Verhalten, welche sie an ihre Kinder weitervererben. Tatsächlich gibt es wissenschaftliche Beweise dafür, dass Aggressivität eine genetische Veranlagung sein kann. Diese genetische Veranlagung (C) kann zu einer Korrelation von körperlichem Missbrauch während der Kindheit (A) und späterem aggressivem Verhalten von Personen mit einem solchen Hintergrund (B) führen, auch wenn (A) und (B) einander kausal nicht bedingen. Übrigens gibt es in diesem Fall noch weitere Kandidaten für (C) (fallen Ihnen Möglichkeiten ein?).

Der ausschlaggebende Punkt ist, dass man nicht selbstverständlich davon ausgehen kann, dass es eine direkte kausale Verbindung zwischen zwei Variablen geben muss, nur weil sie miteinander korrelieren. Miteinander konkurrierende Erklärungen sind möglich.

(5) „Post hoc, ergo propter hoc"-Argumentation

„Post hoc, ergo propter hoc" ist lateinisch und bedeutet „danach, also deswegen". Viele Leute schlussfolgern automatisch, dass Variable (A) Variable (B) verursachen muss, weil Variable (A) der Variablen (B) vorausgeht. Viele Ereignisse geschehen aber vor anderen Ereignissen und verursachen diese deshalb noch lange nicht. Zum Beispiel bedeutet die Tatsache, dass viele Serienmörder in ihrer Kindheit Müsli essen, nicht, dass das Müsli-Essen während der Kindheit die Gefahr in sich birgt, im Erwachsenenalter zum Serienmörder zu werden. Auch die Tatsache, dass es vielen niedergeschlagenen Menschen besser geht, nachdem sie ein pflanzliches Arzneimittel zu sich genommen haben, heißt nicht notwendigerweise, dass dieses pflanzliche Medikament zu der Verbesserung etwas beigesteuert oder diese gar verursacht hat. Der Zustand dieser Menschen hätte sich genauso gut ohne die Arznei auf pflanzlicher Basis verbessern können oder sie hätten andere effektive Interventionsmöglichkeiten ausfindig machen können (etwa mit einem Therapeuten oder einem guten Freund zu sprechen). Möglicherweise hat das Einnehmen des pflanzlichen Arzneimittels in ihnen auch eine Hoffnung erzeugt, die den sogenannten *Placeboeffekt* zur Folge hatte: Es ist eine Verbesserung eingetreten, weil der Betroffene eine Verbesserung erwartet hat.

Selbst erfahrene Wissenschaftler können der Schlussfolgerung post hoc, ergo propter hoc zum Opfer fallen. In der Zeitschrift *Medical Hypothesis* stellte Flensmark (2004) fest, dass dem ersten Tragen von Schuhen in der westlichen Welt vor etwa 1000 Jahren die ersten bekannten Fälle von Schizophrenie auf dem Fuße folgten. Aus diesen Untersuchungsergebnissen schloss er, dass das Tragen von Schuhen Bestandteil eines Auslösers für Schizophrenie sein kann. Das Aufkommen des Tragens von Schuhen könnte auch lediglich zufällig mit anderen Veränderungen zusammengetroffen sein, beispielsweise mit der Zunahme der Modernisierung oder der Verstärkung von stressigen Lebensbedingungen, was möglicherweise in einem größeren Ausmaß zu dem Aufkommen von Schizophrenieerkrankungen beigetragen haben könnte.

(6) Einer voreingenommenen Stichprobe ausgesetzt sein

Von den Medien und in anderen Teilen unseres täglichen Lebens werden wir oft nicht-zufälligen – oder „voreingenommenen", wie Psychologen es nennen – Stichproben von Menschen aus der allgemeinen Bevölkerung ausgesetzt. Beispielsweise porträtieren Fernsehprogramme ungefähr 75 % der gezeigten psychisch schwerkranken Menschen als gewalttätig, obwohl der Anteil gewalttätiger psychisch Erkrankter in der Realität deutlich geringer ist. Eine solche verzerrte Darstellung in den Medien kann den falschen Eindruck erwecken, dass die meisten an Schizophrenie, bipolarer Störung (früher manische Depression genannt) und anderen psychischen Störungen erkrankten Menschen eine Gefahr darstellen.

Psychotherapeuten können besonders anfällig für eine solche falsche Annahme sein, weil sie die meiste Zeit ihres Arbeitslebens mit einer nicht repräsentativen Gruppe von Menschen zusammenarbeiten, nämlich mit jenen Menschen, die sich in psychologischer Behandlung befinden. Hier ein Beispiel: Viele Psychotherapeuten glauben, es sei unheimlich schwierig für Betroffene, alleine mit dem Rauchen aufzuhören. Forschungsergebnisse zeigen jedoch, dass die meisten Raucher ihr Laster ohne professionelle Hilfe aufgeben. Diese Psychotherapeuten gehen wahrscheinlich einem Phänomen auf den Leim, das Patricia und Jacok Cohen (1984) die *Täuschung des behandelnden Arztes* genannt haben – die Neigung praktizierender Ärzte, zu überschätzen, wie chronisch (anhaltend) ein psychisches Problem ist. Dies geschieht, weil Ärzte einer voreingenommenen Stichprobe von Menschen punktuell ausgesetzt sind. Das hängt damit zusammen, dass die Ärzte, die Raucher behandeln, in erster Linie diejenigen Patienten zu sehen bekommen, die es nicht schaffen, alleine das Rauchen aufzugeben. Wenn dies nicht der Fall wäre, hätten die Betroffenen sehr wahrscheinlich überhaupt keinen Arzt aufgesucht. Daher überschätzen Ärzte die Schwierigkeit für Raucher, ihre Sucht zu beenden.

(7) Argumentation basierend auf Repräsentativität

Wir beurteilen die Gleichartigkeit zweier Dinge häufig basierend auf ihrer oberflächlichen Ähnlichkeit. Psychologen nennen dieses Phänomen *Repräsentativitätsheuristik*, weil wir das Ausmaß, in dem sich zwei Dinge ähneln – also einander repräsentieren –, für die Beurteilung verwenden, wie gleichartig sie sind. Eine Heuristik ist eine mentale Abkürzung oder eine Faustregel.

In den meisten Fällen leistet uns die Repräsentativitätsheuristik, wie andere Heuristiken auch, gute Dienste. Wenn wir eine Straße entlanggehen und einen maskierten und bewaffneten Mann aus einer Bank laufen sehen, werden wir wahrscheinlich zusehen, dass wir ihm möglichst nicht im Weg stehen. Das liegt daran, dass dieser Mann ein Repräsentant der Gruppe Bankräuber ist – einem solchen also ähnlich sieht –, wie wir sie aus dem Fernsehen und aus Filmen kennen. Natürlich ist es möglich, dass sich jemand nur einen Spaß erlaubt oder dass er ein Schauspieler aus einem Hollywoodfilm ist, der dort gerade gedreht wird, aber Vorsicht ist besser als Nachsicht lautet hier die allgemeine Devise. Hier verlässt sich der Mensch auf eine mentale Abkürzung. Wahrscheinlich ist das auch gut so.

Dennoch wenden wir Repräsentativitätsheuristiken auch dann an, wenn es nicht sinnvoll ist. Nicht alles, was einander oberflächlich ähnelt, ist auch automatisch das Gleiche. Daher können uns Repräsentativitätsheuristiken zuweilen in die Irre führen. In diesem Fall liegt der gesunde Menschenverstand richtig: Wir sollten nicht immer nach dem Äußeren urteilen. Tatsächlich entstehen vermutlich viele psychologische Irrtümer aus der Fehlanwendung von Repräsentativitätsheuristiken. Um ein Beispiel zu nennen: Manche Graphologen (Schriftpsychologen) behaupten, dass Menschen, deren Schrift viele sperrig geschriebene Buchstaben enthält, ein besonders großes Bedürfnis nach großem persönlichen Freiraum haben. Leuten, die beim Schreiben die „t" und die „f" mit peitschenähnlichen Linien verbinden, wird eine sadistische Ader unterstellt. Graphologen nehmen also an, dass zwei Dinge, die sich oberflächlich ähneln, wie etwa raumeinnehmende Buchstaben und das Bedürfnis nach persönlichem Freiraum, auf statistischer Grundlage miteinander in Verbindung gebracht werden können. Für diese Annahme gibt es jedoch keinerlei wissenschaftlichen Beweis (siehe Irrtum 25).

Ein anderes Beispiel bezieht sich auf den Mensch-Zeichen-Test (MZT), den viele klinische Psychologen verwenden, um Persönlichkeitsmerkmale und psychische Störungen der untersuchten Person zu ermitteln. In Mensch-Zeichen-Tests, wie dem berühmten Goodenough-Harris Draw-a-Person-Test, werden Probanden dazu aufgefordert, eine Person (in manchen Fällen auch zwei Personen unterschiedlichen Geschlechts) auf beliebige Art zu zeichnen. Es gibt praktizierende Ärzte, die behaupten, dass Patienten, die Menschen mit besonders großen Augen zeichnen, unter Paranoia leiden, solche, die Menschen mit großen Köpfen zeichnen, seien narzisstisch (egozentrisch) und dass Patienten, die Menschen mit langen Krawatten zeichnen, sich zwanghaft mit Sex beschäftigen (eine lange Krawatte ist ein bekanntes Freud'sches Symbol für das männliche Geschlechtsorgan). Alle diese Behauptungen basieren auf einer oberflächlichen Ähnlichkeit zwischen gewissen Mensch-Zeichen-Test-Indizien und bestimmten psychologischen Eigenschaften. Für diese angenommenen Zusammenhänge gibt es keinerlei wissenschaftlichen Nachweise.

(8) Irreführende Film- und Medienporträts

Viele Phänomene des Gehirns, besonders psychische Erkrankungen und ihre Behandlungsmethoden werden in der Unterhaltungsbranche und den Nachrichtenmedien regelmäßig falsch dargestellt. Meist sensationalisieren die Medien die Phänomene. Zum Beispiel zeigen einige moderne Filme die Elektrokrampftherapie (EKT), informell auch „Schock-Therapie" genannt, als eine körperlich brutale und sogar gefährliche Behandlungsmethode. In einigen Fällen, wie in dem Horrorfilm *Haunted Hill* von 1999, erleiden Individuen, die an ein EKT-Gerät angeschlossen sind, brutale Krämpfe. Auch wenn es wahr ist, dass die Anwendung von EKT in der Vergangenheit gefährlich war, haben technologische Neuerungen in den letzten Jahrzehnten, zum Beispiel die Anwendung von Muskelrelaxanzien, dazu geführt, dass der Einsatz dieser Methode nicht mehr gefährlicher ist als eine Narkose. Patienten, die mit dem modernen EKT behandelt werden, erfahren keine erkennbaren motorischen Krämpfe.

Die meisten Hollywoodfilme stellen an Autismus leidende Erwachsene so dar, als besäßen sie hoch spezialisierte intellektuelle Fähigkeiten, um ein weiteres Beispiel zu nennen. In dem Film *Rain Man*, der 1989 einen Oscar gewann, stellt Dustin Hoffman einen autistischen Erwachsenen mit Savant-Syndrom (einer Inselbegabung) dar. Dieses Syndrom zeichnet sich durch bemerkenswerte geistige Fähigkeiten aus. Dazu gehören zum Beispiel eine Art kalendarisches Gedächtnis (die Fähigkeit, einem Datum den dazugehörigen Tag zu zuzuordnen, ganz gleich, um welches Jahr oder Datum es sich handelt), die Fähigkeit, Multiplikationen und Divisionen mit extrem großen Zahlen im Kopf zu berechnen, genauso wie ein unglaubliches Faktenwissen, beispielsweise die Durchschnittleistung eines jeden Spielers der Major-League-Baseball-Teams. Es erweisen sich allerdings nur 10% der an Autismus leidenden Erwachsenen als Inselbegabte.

(9) Übertreibung mit einem Körnchen Wahrheit

Nicht alle psychologischen Irrtümer sind gänzlich falsch. Tatsächlich handelt es sich bei vielen um Übertreibungen, die ein Körnchen Wahrheit beinhalten. Zum Beispiel ist den meisten von uns wirklich nicht bewusst, wie sie ihr intellektuelles Potential einschätzen sollen. Das bedeutet aber noch lange nicht, dass die Mehrheit der Menschen lediglich 10% ihrer geistigen Fähigkeiten nutzt, wie viele Menschen fälschlicherweise annehmen (siehe Irrtum 1). Des Weiteren ist es sicherlich wahr, dass zumindest einige Unterschiede hinsichtlich der Interessen und Persönlichkeitsmerkmale eine Beziehung aufpeppen können. Es mag zwar sehr harmonisch sein, sein Leben mit jemandem zu teilen, der immer mit Ihnen einer Meinung ist – unheimlich langweilig ist das aber auch. Das bedeutet aber längst nicht, dass Gegensätze sich anziehen (siehe Irrtum 20). Dennoch beinhalten manche Mythen eine Überbewertung kleiner Unterschiede. Beispielsweise unterscheiden sich Männer und Frauen durchaus leicht in ihren Kommunikationsstilen. Der eine oder andere bekannte Psychologe, insbesondere John Gray, hat dieses Körnchen Wahrheit zu einer vollkommenen Übertreibung geführt und behauptet, Männer seien vom Mars und Frauen kämen von der Venus (siehe Irrtum 21).

(10) Terminologische Verwechslungen

Es gibt psychologische Fachbegriffe, die zu falschen Schlussfolgerungen verleiten. So bedeutet der Ausdruck Schizophrenie, den der Schweizer Psychiater Eugen Bleuler in den frühen 1920er Jahren prägte, wörtlich „gespaltener Geist“. Als Konsequenz daraus glauben viele Leute, dass Menschen, die unter Schizophrenie leiden, mehr als eine Persönlichkeit haben. Jeder kennt den Begriff „schizophren“ aus dem täglichen Gebrauch, wenn sich jemand auf Begebenheiten bezieht, in denen eine Person in einer Entscheidungssituation zwei verschiedenen Seelen zu haben scheint („Ich fühle mich meiner Freundin gegenüber schizophren. Ich fühle mich körperlich von ihr angezogen, aber ihre Spleens ärgern mich"). Es ist daher kaum überraschend, dass viele Leute Schizophrenie mit einer vollkommen anderen psychischen Störung verwechseln, nämlich der sogenannten „multiplen Persönlichkeitsstörung" (auch „Dissoziative Identitätsstörung" genannt), die als Merkmal die Anwesenheit von mehr als einer Persönlichkeit in einer einzigen Person trägt. Schizophreniepatienten besitzen nur eine Persönlichkeit, die zerbrochen ist. Bleuler hatte mit seiner Begriffsbezeichnung ursprünglich das Phänomen aufgreifen wollen, dass Menschen, die an Schizophrenie erkrankt sind, an der Spaltung von geistigen Funktionen leiden. Bei ihnen werden Denken und Emotion getrennt, das heißt, ihre Gedanken korrespondieren nicht mit ihren Gefühlen. Bleulers ursprüngliche und korrektere Bedeutung des Begriffs ist inzwischen weitestgehend untergegangen. Das irreführende Stereotyp von schizophrenen Personen, die sich in unterschiedlichen Situationen wie zwei vollkommen verschiedene Personen benehmen, ist in der modernen Kultur tief verwurzelt.

Um ein weiteres Beispiel zu nennen: Der Begriff „Hypnose" beinhaltet das griechische Präfix „hypno", was zu Deutsch Schlaf bedeutet (tatsächlich glaubten einige der ersten Hypnotiseure, dass die Hypnose eine Form des Schlafens sei). Die Bezeichnung hat wohl viele Menschen, auch Psychologen, dazu verleitet zu glauben, dass die Hypnose ein schlafähnlicher Zustand sei. In Filmen versuchen Hypnotiseure regelmäßig, ihre Kunden mit dem Satz „Sie werden jetzt sehr müde" in den gewünschten hypnotischen Zustand zu versetzen. In Wirklichkeit jedoch gibt es keine physiologische Verbindung zwischen einer Hypnose und dem Schlaf, da Menschen, die hypnotisiert sind, gänzlich wach und sich ihrer Umgebung vollauf bewusst sind (siehe Irrtum 14).

Die Welt der Psychomythologie: Was Sie nun erwartet

In diesem Buch werden Ihnen 25 Irrtümer begegnen, die in der Welt der populären Psychologie als Binsenweisheiten gelten. Diese Mythen decken eine breite Spanne der modernen Psychologie ab: die Funktionsweisen des Gehirns, Wahrnehmung, Entwicklung, Gedächtnis, Intelligenz, Lernen, unterschiedliche Bewusstseinsebenen, Emotionen, zwischenmenschliches Verhalten, Persönlichkeit und psychische Störungen. Sie werden die psychologischen und gesellschaftlichen Ursprünge der Irrtümer kennenlernen, Sie werden erkennen, auf welche Weise jeder der Irrtümer das weit verbreitete Denken der Gesellschaft über menschliche Verhaltensweisen geformt hat und zu guter Letzt werden Sie erfahren, was die wissenschaftliche Forschung von den Irrtümern hält. Im Postskriptum des Buches bieten wir eine Reihe von spannenden Erkenntnissen, die wie Ammenmärchen klingen, aber in Wirklichkeit tatsächlich wahr sind, um Sie daran zu erinnern, dass Ergebnisse der seriösen Psychologie oft bemerkenswerter – und schwerer zu glauben – sind als die der Psychomythologie.

Das Aufdecken von Irrtümern ist nicht ohne Risiken, wie der Fall des Psychologen Norbert Schwarz und seiner Kollegen zeigt. Wie Norbert Schwarz offenbarte, kann das Korrigieren von Missverständnissen, wie zum Beispiel dass „die Nebenwirkungen einer Grippeimpfung schlimmer sein können als die Grippe selbst“, auch nach hinten losgehen, wenn die Studie die Menschen dazu verleitet, die ursprüngliche irrige Meinung am Ende *noch eher* zu glauben. Das liegt daran, dass die Leute oft die Aussage selbst in Erinnerung behalten, jedoch nicht ihre Negativierung – also das kleine gelbe Post-it in ihren Köpfen, das sie daran erinnert, dass eine bestimmte Behauptung falsch ist.

Die Arbeiten von Schwarz führen uns vor Augen, dass das bloße Erinnern einer Liste von Missverständnissen nicht ausreicht: Es ist ausschlaggebend, dass wir verstehen, warum die Mythen nicht der Wahrheit entsprechen. Seine Arbeiten vermitteln auch, dass es nicht nur wichtig ist zu verstehen, warum etwas falsch ist, sondern auch, warum etwas wahr ist. Ein Missverständnis mit der Wahrheit zu verbinden, ist der beste Weg, es endgültig auszuräumen. Daher werden wir nicht nur erklären, warum jeder dieser 25 Irrtümer falsch ist, sondern auch stets erläutern, welche Wahrheiten der Psychologie diese Mythen dennoch in sich tragen.

Zum Glück gibt es durchaus Grund für Optimismus. Die Forschung zeigt, dass die Akzeptanz von psychologischen Missverständnissen, wie zum Beispiel die Annahme, dass Menschen nur 10% ihrer Gehirnkapazität nutzen, bei Psychologiestudenten mit steigendem Semester sinkt. Dieselbe Studie zeigte auch, dass die Akzeptanz solcher Irrtümer unter Psychologiestudenten geringer ist als unter Nicht-Psychologiestudenten. Auch wenn eine solche Untersuchung nur eine Wechselbeziehung darstellen kann –

wir haben bereits erläutert, dass einer Korrelation nicht immer ein Kausalzusammenhang zugrunde liegt –, so lässt sie uns doch hoffen, dass Aufklärung und Erläuterung den Glauben der Menschen an die Psychomythologie verringern können. Mehr noch sogar hat sich in aktuellen, kontrollierten Studien gezeigt, dass das Widerlegen von psychologischen Missverständnissen in einführenden Psychologievorlesungen die falschen Auffassungen um bis zu 53,7 % herabsetzen kann.

Wenn wir unsere Aufgabe erfolgreich erfüllen, sollten Sie nach dem Lesen dieses Buches nicht nur einen höheren „Psychologie-IQ" Ihr Eigen nennen, sondern auch über ein erweitertes Wissen darüber verfügen, wie Sie Wahrheit von Erfundenem in der populären Psychologie auseinanderhalten können. Am wichtigsten aber ist vielleicht die Tatsache, dass Sie dann mit Werkzeugen ausgestattet sind, die Ihnen eine kritische Herangehensweise erlauben, um psychologische Behauptungen aus dem Alltagsleben zukünftig besser bewerten zu können.

Wie der Paläontologe und Fachbuchautor Stephen Jay Gould (1996) betonte, „sind die falschesten Geschichten die, von denen wir glauben, dass wir sie am besten kennen – und deswegen nie überprüfen oder in Frage stellen" (S. 57). In diesem Buch möchten wir Sie dazu ermuntern, psychologischen Behauptungen niemals einfach zu glauben, sondern sie immer genau zu untersuchen und ganz besonders jene Geschichten in Frage zu stellen, die Sie schon lange kennen.

Ohne weitere Worte zu verlieren, tauchen wir jetzt in die überraschende und oft faszinierende Welt der Psychomythologie ein.

1 Die Kapazität des Gehirns

Irrtümer über Gehirn und Wahrnehmung

Irrtum 1 Die meisten Menschen nutzen nur 10 % ihrer Gehirnkapazität

Jedes Mal, wenn diejenigen unter uns, die das Gehirn erforschen, sich aus unserem Elfenbeinturm herauswagen, um Vorträge zu halten oder Interviews zu geben, lautet garantiert eine der am häufigsten gestellten Fragen: „Ist es wahr, dass wir nur 10 % unserer Gehirnkapazität nutzen?". Der enttäuschte Blick, der für gewöhnlich folgt, wenn wir antworten: „Ich fürchte nein", lässt stark annehmen, dass dieser Irrglauben eine der hoffnungsvollen Binsenweisheiten ist, die sich einfach nicht ausmerzen lassen, weil es einfach so verdammt schön sein könnte, wenn sie wahr wären. Dieser Irrtum ist in der Tat sehr weit verbreitet, sogar unter Psychologiestudierenden und anderen gut gebildeten Leuten. In einer Studie wurde die Frage: „Was glauben Sie, wie viel Prozent ihrer Gehirnkapazität die meisten Menschen tatsächlich gebrauchen?", von einem Drittel der Psychologie im Hauptfach Studierenden mit 10 % beantwortet. 59 % einer Stichprobe einer zusammengestellten Gruppe von Personen mit Hochschulabschluss in Brasilien glaubten ebenfalls, dass Menschen nur 10 % ihrer Gehirnkapazität nutzen. Bemerkenswerterweise deckte diese Studie zudem auf, dass sogar 6 % der befragten Neurowissenschaftler diese Behauptung für wahr hielten!

Sicherlich würde niemand von uns einen kräftigen Anstieg unserer Gehirnkapazität ablehnen, wenn wir einen solchen erhalten könnten. Es ist daher nicht überraschend, dass Anbieter, die von der Hoffnung der Menschen auf den Durchbruch auf diesem Gebiet leben, immer weiter mit einem niemals endenden Strom von dubiosen Programmen und Hilfsmitteln hausieren gehen, die sich auf den 10 %-Irrtum berufen. Immer auf der Suche nach einer Erfolgsgeschichte, spielen auch die Medien eine große Rolle bei der Aufrechterhaltung dieses Mythos. Eine große Anzahl von

Werbetexten seriöser Produkte stellt den 10%-Irrtum als wahr dar. Dies geschieht in der Hoffnung, potentiellen Kunden schmeicheln zu können, die sich hoffnungsfroh vorstellen, wie ihre geistigen Fähigkeiten über die Grenzen ihres eigenen Gehirns hinweg ansteigen werden. Scott Witt (1983) schrieb beispielsweise in seinem populären Buch *How to be Twice as Smart*: „Wenn Sie wie die meisten anderen Menschen sind, benutzen Sie nur 10% Ihrer geistigen Fähigkeiten“ (S. 4). 1999 versuchte eine Fluglinie Kunden mit dem Werbeslogan: „Es wird behauptet, dass wir nur 10% der Kapazität unseres Gehirns nutzen. Wenn Sie jedoch mit _____ (Name der Firma wurde gelöscht) fliegen, benutzen sie erheblich mehr“, anzulocken.

Eine Expertengruppe, die vom U.S. National Research Council einberufen wurde, kam jedoch zu dem Schluss (leider Gottes!), dass es diesbezüglich, wie auch bei anderen übernatürlichen Selbstverbesserungs-Behauptungen, keinen Ersatz für harte Arbeit gibt, wenn man im Leben etwas erreichen möchte. Diese unliebsame Neuigkeit hat allerdings wenig dazu beigetragen, Millionen von Menschen zu entmutigen, die sich selbst mit der Annahme trösten, dass sie die Abkürzung zu ihren unerfüllten Träumen nur deshalb noch nicht gefunden haben, weil sie nicht wissen, wie sie ihr gewaltiges angeblich ungenutztes zerebrales Reservoire anzapfen sollen. Diese erwünschte Steigerung, mit brillantem Notendurchschnitt oder der Autorenschaft des nächsten Bestsellers, ist zum Greifen nahe, wie die Verkäufer von Wunderheilmitteln für das Gehirn propagieren.

Noch fragwürdiger sind die Angebote der neuzeitlichen Unternehmer, die empfehlen, unsere psychischen Fähigkeiten, die wir angeblich alle besitzen, mit obskuren Dingen für das Gehirn zu verbessern. Das selbsternannte Medium Uri Geller behauptete, dass „wir in Wahrheit nur 10% unseres Gehirns nutzen – wenn überhaupt“. Befürworter wie Geller legen nahe, dass mediale Kräfte in genau den 90% des Gehirns residieren, deren Anwendung das einfache Volk noch nicht gelernt hat und deshalb gezwungen ist, mit den sklavenartigen 10% auszukommen.

Wieso sollte ein Gehirnforscher anzweifeln, dass 90% eines durchschnittlichen Gehirns vor sich hinschlummern? Dafür gibt es einige Gründe. Zunächst einmal ist das Gehirn durch natürliche Selektion geformt worden. Hirngewebe zu züchten und daran zu operieren ist teuer. Obwohl es nur 2–3% unseres Gesamtgewichtes ausmacht, benötigt es mehr 20% des Sauerstoffs, den wir atmen. Es ist unwahrscheinlich, dass die Evolution die Verschwendung von Ressourcen, die es zum Aufbau und zum Erhalt eines solchen weitestgehend ungenutzten Organs benötigt, zugelassen hätte. Wenn der Besitz eines größeren Gehirnes zu einer erhöhten Flexibilität beitragen würde, die das Überleben und die Fortpflanzung unterstützen würde – was schließlich das Entscheidende bei der natürlichen Selektion ist –, wäre es schwierig zu glauben, dass auch nur die leiseste Verbesserung der Gehirnleistung nicht auf der Stelle von den vorhandenen Systemen im Gehirn aufgeschnappt würde, um die Chancen des Besitzers zu erhöhen, zu gedeihen und sich fortzupflanzen.

Die Zweifel werden auch von Forschungsergebnissen aus der klinischen Neurologie und der Neuropsychologie verstärkt. Beide Disziplinen haben das Verstehen und die Linderung der Auswirkungen von Hirnschädigungen zum Ziel. Der Verlust von wesentlich weniger als 90% des Gehirns durch einen Unfall oder eine Erkrankung hat in der Regel katastrophale Folgen. Als Beispiel möchten wir die viel diskutierte Kontroverse betrachten, die die Bewusstlosigkeit und zuletzt den Tod von Terri Schiavo, einer jungen Frau aus Florida, begleitet hat. Diese hatte 15 Jahre lang im Koma gelegen. Im Jahr 1990 hatte ein Sauerstoffmangel, der infolge eines Herzstillstandes aufgetreten war, 50% ihres Großhirns, also den oberen Teil des Gehirns, der für die bewusste Wahrnehmung zuständig ist, zerstört. Die moderne Gehirnforschung ist der Meinung, dass der „Verstand" der Gehirnaktivität gleichzusetzen ist. Patienten wie Terri Schiavo hätten damit ihre Fähigkeit zu denken, wahrzunehmen, sich zu erinnern und zu fühlen, also die Eigenschaften, die das Menschsein ausmachen, dauerhaft verloren. Auch wenn es Menschen gab, die behaupteten, Anzeichen von Bewusstsein bei Schiavo beobachtet zu haben, so haben doch die meisten unbefangenen Experten keinen Nachweis dafür gefunden, dass irgendwelche ihrer höheren mentalen Prozesse verschont geblieben wären. Wenn 90% des Gehirns überflüssig wären, hätte das nicht der Fall sein können.

Die Forschung zeigt ebenfalls, dass kein Bereich des Gehirns durch Schlaganfälle oder Schädel-Hirn-Traumen zerstört werden kann, ohne dass die Patienten ernsthafte Defizite in den betroffenen Funktionen davontragen. Genauso hat die elektrische Stimulation von Teilen des Gehirns bei neurochirurgischen Eingriffen es nicht vermocht, „schlummernde Bereiche" ausfindig zu machen. Gemeint sind hier Areale, in denen die betroffene Person keine Wahrnehmung, Emotion oder Bewegung spüren konnte, nachdem Neurochirurgen ihnen minimale Stromstöße versetzt hatten (Ärzte können dies mit Patienten unter Lokalanästhesie durchführen, weil das Gehirn über keine Schmerzrezeptoren verfügt).

Das letzte Jahrhundert wurde Zeuge des Aufkommens von zunehmend differenzierteren Verfahren, um in den vielen Vorgängen im Gehirn herumzuschnüffeln. Mithilfe von bildgebenden Verfahren, wie dem Elektroenzephalogramm (EEG), dem Positronen-Emissions-Tomographen (PET) und der Magnetresonanztomographie (MRT oder kurz MR), haben Forscher eine große Anzahl psychischer Funktionen Gehirnarealen zuordnen können. Forscher können bei Tieren und zuweilen auch bei Menschen, die sich in neurologischer Behandlung befinden, Aufnahmesonden in das Gehirn einfügen. Trotz dieser genauen Darstellungsmethoden sind bei den Untersuchungen keine „schlummernden Areale", die auf Anforderungen warten, ausfindig gemacht worden. Im Gegenteil erfordern sogar einfache Aufgaben die Mitwirkung von Verarbeitungsbereichen, die sich nahezu über das ganze Gehirn verteilen.

Zwei weitere fest etablierte Grundsätze der Neurowissenschaften bereiten dem 10%-Irrtum große Probleme. Bereiche des Gehirns, die nicht benutzt werden, weil sie entweder verletzt wurden oder erkrankt sind, tendieren dazu, eines von zwei Dingen zu tun. Entweder sterben sie ab oder sie „degenerieren", wie Neurowissenschaftler es ausdrücken, oder sie werden von anliegenden Bereichen übernommen, die Ausschau nach unbenutztem Territorium gehalten haben, um sich dort für ihre eigenen Zwecke anzusiedeln. So oder so ist es unwahrscheinlich, dass gutes, unbenutztes Gehirngewebe sich lange aus allem heraushält.

Als Ergebnis lässt sich festhalten, dass es keine übrigen zerebralen Reifen gibt, die nur darauf warten, mit einer kleinen Hilfe der Selbstverbesserungsindustrie montiert zu werden. Wie also konnte sich der 10%-Irrtum etablieren, wenn er so unbegründet ist? Versuche, den Ursprung dieses Irrtums aufzuspüren, haben keine rauchenden Gewehre zum Vorschein gebracht, aber ein paar spannende Hinweise haben sich dennoch ausfindig machen lassen. Eine Spur führt zu dem amerikanischen Psychologen William James zurück, der im späten 19. und im frühen 20. Jahrhundert Pionierarbeit leistete. In einer seiner Schriften, die er der allgemeinen Öffentlichkeit präsentierte, schrieb er, dass er Zweifel daran habe, dass eine Durchschnittsperson mehr als 10% ihres *intellektuellen Potentials* erreichen könne. James sprach in der Regel von unterentwickeltem Potential. Er bezog sich niemals darauf, wie viele Anteile des Gehirns beteiligt seien.

Ein Haufen von „Positiv Denken“-Gurus, die seinen Ideen folgten, waren nicht so vorsichtig und „10% unserer Kapazität“ wandelte sich bald in „10% unseres Gehirns“. Zweifellos bekamen die Selbsthilfeunternehmer den größten Auftrieb, als der Journalist Lowell Thomas die 10%-Behauptung William James zuschrieb. Thomas tat dies in seinem Vorwort zu dem im Jahre 1936 erschienenen Buch *Wie man Freunde gewinnt: Die Kunst, beliebt und einflussreich zu werden* von Dale Carnegie, das eines der bestverkauften Selbsthilfebücher überhaupt ist. Der Irrtum hat sich seitdem unbeirrbar in den Köpfen der Menschen festgesetzt.

Die Popularität des 10%-Irrtums stammt wahrscheinlich zum Teil auch von den Missverständnissen, die Autoren beim Lesen von wissenschaftlichen Arbeiten früher Hirnforscher unterlaufen sind. Dadurch, dass ein Großteil der menschlichen Gehirnhälften „silent cortex“ genannt wurde, könnten einige frühe Forscher den falschen Eindruck bekommen haben, dass der Bereich des Gehirns, der heute „Assoziationskortex“ genannt wird, keine Funktion ausübt. Wie wir heute wissen, ist der Assoziationskortex ausschlaggebend für unsere Sprache, das abstrakte Denken und komplexe senso-motorische Aufgaben. Die bewundernswert zurückhaltenden Annahmen früher Forscher, die nicht wussten, welche Funktionen 90% des Gehirns erfüllten, trugen wahrscheinlich zu der Annahme bei, dass dieser Großteil nichts tue. Eine weitere Quelle für die Entstehung der Verwirrung könnte darin liegen, dass Laien die Rolle der Gliazellen missverstanden haben. Dabei handelt es sich um Gehirnzellen, die die Neuronen im Gehirn zahlenmäßig um den Faktor von ungefähr 10 übertreffen. Auch wenn die Neuronen die Austragungsorte bezüglich des Denkens und anderer geistiger Aktivitäten sind, üben die Gliazellen doch eine sehr wichtige unterstützende Funktion für die Neuronen aus. Schließlich sind diejenigen, die nach der Ursache für den 10%-Irrtum gesucht haben, oftmals auf die Behauptung gestoßen, Albert Einstein habe seine Genialität einmal mit dem 10%-Mythos erklärt. Doch auch eine für uns durch die hilfsbereiten Mitarbeiter des Albert-Einstein-Archivs angestrengte Suche ergab keine Aufzeichnung einer solchen Aussage. Es ist äußerst wahrscheinlich, dass die Befürworter des 10%-Irrtums Einsteins Prestige für ihre eigenen Bemühungen nutzen wollten.

Der 10%-Irrtum hat mit Sicherheit viele Leute dazu motiviert, nach mehr Kreativität und Produktivität in ihrem Leben zu streben, woran gewiss nichts Schlechtes zu finden ist. Der Trost, die Ermutigung und die

Hoffnung, die er gespendet hat, helfen wahrscheinlich dabei, seine Langlebigkeit zu erklären. Aber wie Carl Sagan (1995) uns gewarnt hat (siehe Einleitung, S. 25): Wenn etwas zu gut klingt, um wahr zu sein, dann ist dem meistens auch so.

Irrtum 2 Manche Menschen sind Nutzer der linken Gehirnhälfte, andere Nutzer der rechten Gehirnhälfte

Das nächste Mal, wenn jemand versucht, Ihnen ein Buch oder ein Hilfsmittel zum Umschulen Ihrer angeblich schlappen rechten Gehirnhälfte zu verkaufen, greifen Sie zum Geldbeutel! Und dann drücken Sie ihn ganz fest an Ihre Brust und rennen so schnell Sie können davon. Wie manche anderen Irrtümer in diesem Buch trägt auch dieser, auf den Sie jetzt treffen, ein Körnchen Wahrheit in sich. Allerdings kann dieses Körnchen schwierig zu finden sein inmitten all der Berge von Fehlinformationen, die es begraben.

Sind manche Menschen Linkshirner und andere Rechtshirner? Es gibt glaubwürdige Nachweise, dass die beiden Seiten des Gehirns, Hemisphären genannt, unterschiedliche Funktionen haben. Zum Beispiel sind bestimmte Fähigkeiten durch Verletzungen an der einen Seite des Gehirns betroffener, als wenn die andere Hälfte verletzt worden wäre. Bildgebende Verfahren zeigen, dass die Aktivitäten der Gehirnhälften unterschiedlich sind, wenn Menschen verschiedene Denkaufgaben ausführen. Die eindeutigsten Belege für die *funktionale Lateralität* – die Überlegenheit entweder der einen oder anderen Hemisphäre je nach ausgeführter Aufgabenstellung – stammt von Patienten, an denen eine „Split Brain"-Operation durchgeführt wurde. Bei diesem sehr selten durchgeführten Eingriff durchtrennen die Operateure die Nervenbahnen zwischen der linken und der rechten Gehirnhälfte. Diese Methode wird als letztes Mittel zur Behandlung von schwerer Epilepsie eingesetzt. Die große Nervenbahn, die die beiden Hemisphären miteinander verbindet, ist das Hauptziel der Split-Brain-Operation und heißt *corpus callosum* („riesiger Körper").

Roger Sperry teilte sich im Jahr 1981 mit seinen Kollegen D. H. Hubel und T. N. Wiesel den Nobelpreis für seine wegweisenden und außerordentlich faszinierenden Studien an Split-Brain-Patienten. Hatten diese sich einmal von der Operation erholt, wirkten sie in ihrem Alltagsleben trügerisch normal. Untersuchte Sperry sie jedoch in seinem Forschungslabor, wurde offensichtlich, dass die beiden Gehirnhälften unabhängig voneinander funktionieren. Jede Seite agierte, ohne dass die andere Seite davon wusste.

Bei Sperrys Laborversuchen fixierten die Patienten ihre Augen auf die Mitte eines Bildschirms, auf dem der Forscher Wörter und Bilder sehr kurz aufblitzen ließ. Wenn die Augen unbeweglich sind, wird Information, die dem linken Augen gezeigt wird, in der rechten Gehirnhälfte aufgenommen und umgekehrt (das liegt daran, dass die optischen Pfade auf jeder Seite des Gesichtsfeldes über Kreuz verlaufen). In gewöhnlichen Situationen kommt diese Trennung von Informationen nicht vor, weil die Patienten ihre Augen permanent über ihre Umgebung bewegen. Dadurch erreicht die gesehene Information für gewöhnlich beide Hemisphären. Wenn dies nicht geschieht, können einige ausgesprochen seltsame Dinge passieren.

Die rechte Gehirnhälfte erhält Input von der linken Körperhälfte und überwacht diese. Andersherum verhält es sich mit der linken Gehirnhälfte, die Informationen von der rechten Körperhälfte bekommt und diese kontrolliert. Bei beinahe allen Rechtshändern, aber auch den meisten Linkshändern, befinden sich die wichtigsten Bereiche zur Sprachrezeption und Produktion in der linken Hemisphäre. Wenn wir demzufolge der rechten Gehirnhälfte keine Informationen geben, ist die linke Hemisphäre, die eher für die Sprache zuständig ist, nicht in der Lage, uns zu sagen, was die Informationen zum Inhalt hatten. Sie kann sogar verwirrt darauf reagieren, wenn sie sieht, wie die linke Hand einen zugriffsbeschränkten Befehl aus Gründen, die sie selbst nicht verstehen kann, ausführt.

Wenn ein Forscher der rechten Hemisphäre eines Split-Brain-Patienten ein Foto zeigt, beispielsweise eines nackten Mannes, könnte sie anfangen zu kichern. Fragt man jedoch sozusagen die linke Hemisphäre, worüber sie kichert, könnte sie darauf keine Antwort geben. Stattdessen wird sie möglicherweise einen plausibel klingenden Grund erfinden („Dieses Foto erinnert mich an meinen Onkel George. Das ist ein wirklich lustiger Typ“). Split-Brain-Patienten könnten etwas mit ihrer rechten Hand tun, zum Beispiel ein paar Bauklötze so zusammenfügen, dass sie ein bestimmtes Muster ergeben, um sie dann ein paar Sekunden später mit der linken gleich wieder durcheinander zu bringen. So viel ist bislang bekannt. Die Auseinandersetzung betrifft die Eindeutigkeit der Arten der Aufgaben, die von den beiden Hemisphären bearbeitet werden und wie sie erledigt werden. In dieser Beziehung sind Gehirnforscher in den letzten Jahren vorsichtiger geworden, während viele unseriöse Psychologen ihrer Phantasie freien Lauf gelassen haben.

Mit Sperrys Methoden erreichte Forschungsergebnisse haben bestätigt, dass die Leistungen der linken und der rechten Hemisphäre bei unterschiedlichen mentalen Aktivitäten in *relativem* Ausmaß voneinander abweichen. Beachten Sie aber, dass wir in *relativem* Ausmaß geschrieben haben. Die beiden Gehirnhälften unterscheiden sich eher darin, wie sie eine Aufgabe bewältigen, als in den Aufgaben, die sie bewältigen. Nehmen wir die Sprache als Beispiel. Die linke Hemisphäre bringt bei den Besonderheiten der Sprache, zum Beispiel bei der Grammatik und der Worterzeugung, bessere Leistungen, wohingegen die rechte Gehirnhälfte besser Satzmelodien und Satzrhythmen (auch bekannt als Prosodie) einhalten kann. Auch wenn die rechte Hemisphäre besser in außersprachlichen Funktionen wie komplexen visuellen und räumlichen Prozessen ist, spielt die linke Gehirnhälfte bei diesen Fähigkeiten trotzdem eine Rolle, wenn wir dies zulassen. Das rechte Gehirn verfügt über ein besseres Raumgefühl, die linke Gehirnhälfte wird aber aktiv, wenn eine Person ein Objekt an bestimmten Stellen ortet. In vielen Fällen ist es nicht so, dass die eine Hemisphäre oder die andere Hemisphäre eine Aufgabe nicht erfüllen kann; eine Hälfte kann sie lediglich schneller oder besser erledigen als die andere. Daher tendiert sie dann dazu, die Aufgabe zu übernehmen.

Natürlich sind normale Leute keine, wie die Anhänger der Linkshirner/Rechtshirner-Idee meinen, Split-Brain-Patienten, die es noch nicht geschafft haben, ihr Corpus callosum durchschneiden zu lassen. In einem normalen Gehirn ruft die Seite des Gehirns zuerst um Hilfe, die etwas nicht geschafft hat. Solange die Verbindung zwischen linker und rechter Gehirnhälfte funktioniert, teilen sich beide Hemisphären die Informationen weitgehend. Bildgebende Verfahren zeigen, dass die beiden Gehirnhälften während der meisten Aufgaben routinemäßig miteinander kommunizieren. Nach einer Split-Brain-Operation ist diese Kommunikation nicht mehr möglich, so dass die getrennten Systeme so gut es eben geht weiterhinken.

Demzufolge sind die Arten, in denen sich die beiden Gehirnhälften unterscheiden, viel weniger ausgeprägt als die „Gehirnhälften-Unternehmer“ der populäreren Psychologie uns weismachen wollen. Alles in allem sind die Gehirnhälften sich in wesentlich mehr Aspekten ähnlich als dass sie sich bezüglich ihrer Funktionen unterscheiden. Heutige Neurowissenschaftler waren nie mit den Neuzeit-Hemisphären-Trainern einer Meinung, die behaupten, dass in den beiden Hälften des Gehirns zwei vollkommen unterschiedliche Köpfe heimisch sind, die der Welt in radikal verschiedenen Weisen begegnen: die linke Hälfte als Buchhalter und die rechte als wahrhaftiger Zen-Meister. Robert Ornstein, Autor des im Jahre 1997 erschienenen Buches *The Right Mind: Making Sense of the Hemispheres*, gehörte zu den Befürwortern der Idee, dass man mit unterschiedlichen Methoden einerseits die „kreative" rechte Seite des Gehirns und andererseits die intellektuelle linke Hälfte anzapfen könne. Auch Unmengen von Bildungs- und Businessprogrammen stufen es weniger bedeutend ein, in Tests die richtigen Antworten herauszulocken als die Anwendung kreativer Fähigkeiten zu fördern. Programme wie *Applied Creative Thinking Workshop* haben Managern geholfen, die unberührten Kapazitäten ihrer Gehirne zu trainieren. Das äußerst erfolgreiche Buch *Garantiert zeichnen lernen. Die rechte Gehirnhälfte aktivieren – Gestaltungskräfte freisetzen*, das über 2,5 Millionen Mal verkauft wurde, ermuntert seine Leser dazu, ihre gestalterischen Fähigkeiten zu entfesseln, indem sie ihre „analytische" linke Hemisphäre unterdrücken. Sogar Comiczeichner sind auf den Zug aufgesprungen. Eine Zeichnung zeigt einen Studenten, der eine Klausur in den Händen hält, die von einer großen „6" geziert wird, und zu seinem Professor sagt: „Es ist nicht fair, mich durchfallen zu lassen, weil ich ein Rechtshirner bin."

Der Drang der Populärpsychologen, alle mentalen Fähigkeiten entweder dem linken oder rechten Abteil zuzuordnen, ist wahrscheinlich eher der Politik, sozialen Werten und kommerziellem Interesse geschuldet als der Wissenschaft. Die Gegner dieser Annahme nennen diese extreme Überzeugung aufgrund der Tendenz der Populärpsychologen, zwischen den beiden Hemisphären zu dichotomisieren, „Dichotomanie". Die Auffassung wurde von New-Age-Befürwortern der 1970er und 1980er Jahre hauptsächlich deshalb enthusiastisch aufgenommen, weil sie eine Begründung für mystische und intuitive Weltansichten bot.

Populärpsychologen beschönigten auch unbestreitbare Unterschiede zwischen den Funktionsweisen der Informationsverarbeitung der Hemisphären. Sie behaupteten, die vermeintlich kalte und rationale linke Hemisphäre denke „logisch", „geradlinig", „analytisch" und „maskulin". Im Gegensatz dazu denke die vermeintlich warme und schwammige rechte Hemisphäre „ganzheitlich", „gefühlsbetont", „gestalterisch", „spontan",

„kreativ“ und „weiblich“. Damit argumentierend, dass die Gesellschaft die gefühlsduselige Herangehensweise der rechten Hemisphäre völlig unterschätzte, priesen die Dichotomisierer abstruse Programme an, um die Aktivität dieser Gehirnhälfte anzukurbeln. Ihre Bücher und Seminare versprachen, uns von den Barrieren für die persönliche Entwicklung zu befreien, die uns von einem unflexiblen Schulsystem aufgestülpt wurden, das das „Linke-Hemisphären-Denken“ befürwortet.

Dessen ungeachtet hat eine von der U.S. National Academy of Sciences berufene Expertengruppe folgende Schlussfolgerung gezogen: „... gibt es keine direkten Beweise dafür, dass eine unterschiedliche Benutzung der Hemisphären trainiert werden kann.“ Das Gremium folgerte, dass ein Verhaltenstraining wahrscheinlich unterschiedliche Lernstile und Fähigkeiten zum Problemlösen verbessern könne, aber dass diese Verbesserungen nicht mit den unterschiedlichen Funktionsweisen der Hemisphären begründbar seien.

Wenn die Verhaltensübungen, die für die Gymnastik der rechten Hemisphäre angeboten werden, noch einigen Nutzen erbringen können, so können wir dies nicht von den weit hergeholten „Gehirn-Tunern“ behaupten, die zu demselben Zweck verkauft werden. Zahlreiche Hilfsmittel dieser Art harmonisieren und synchronisieren angeblich die Aktivität der beiden Gehirnhälften. Eines der erfolgreichsten dieser Programme wurde von einem ehemaligen Manager für Öffentlichkeitsarbeit ohne neurowissenschaftliche Ausbildung erfunden. Wie andere Geräte seiner Art synchronisiert es die Hirnstromwellen angeblich zwischen den Hemisphären anhand von Rückkopplungssignalen. Das Gerät verdankt seinen Erfolg, den es bei zufriedenen Kunden hatte, wahrscheinlich dem Placeboeffekt (siehe Einleitung, S. 30). Selbst wenn diese Geräte die rechten mit den linken Hirnstromwellen synchronisieren könnten, gibt es keinen Grund zu der Annahme, dass ein solches In-Einklang-Bringen der Hemisphären gut für uns sein könnte. Tatsächlich ist genau das unerwünscht, wenn das Gehirn optimal arbeiten soll. Eine optimale psychologische Arbeitsleistung verlangt für gewöhnlich viel mehr eine differenzierte Aktivierung als die Synchronisation beider Gehirnhälften.

Das Entscheidende ist: Lassen Sie sich nicht von den Behauptungen der Dichotomisierer einnehmen, die Ihnen eine Seminarteilnahme verkaufen wollen oder von Vermarktern einlullen, die Ihnen Hemisphären-Synchronisations-Geräte andrehen möchten, die zu gut klingen, um wahr zu sein. Aktuelle Forschung zu hemisphärischen Verschiedenheiten, auch jene von den Forschern, die die links-rechts Spezialisierungen entdeckt haben, konzentriert sich darauf zu zeigen, wie das normale Gehirn ganzheitlich funktioniert.

Irrtum 3 Unterbewusst wahrgenommene Botschaften können Menschen dazu bewegen, Produkte zu kaufen

Viele von uns wissen, dass Psychologen und Werbefachleute Bilder und Geräusche so kurz oder so leise präsentieren können, dass wir sie nicht wahrnehmen. Aber können diese schwachen Stimuli unser Verhalten tatsächlich wirksam beeinflussen? Es gibt eine gewinnbringende Industrie, die hofft, dass Sie glauben, die Antwort sei „ja".

Manche Befürworter bringen diese Art von ultraschwachen oder „unterbewussten" Botschaften im Bereich der Werbung ein, während andere führend in der aufkeimenden Selbsthilfebewegung geworden sind. Das Internet, New-Age-Messen, Zeitschriften, Boulevardzeitungen, Dauerwerbesendungen in der Nacht und Buchhandlungen vermarkten unterschwellig arbeitende Tonbänder und CDs, die versprechen, dass sie den Käufer gesund, reich und klug machen. Zu unseren Favoriten zählen Medien, die Frauen Brustvergrößerungen versprechen, uns von Verstopfung befreien, unser Sexleben verbessern oder Taubheit heilen (auch wenn die Wirkungsweise, wie eine taube Person unterschwellige Laute wahrnehmen soll, wahrlich mysteriös ist). Betrachtet man die ausgedehnte Propaganda für die unterschwellige Beeinflussung in der Welt der populären Psychologie, ist es kaum überraschend, dass 59% der von Larry Brown (1983) und 83% der von Annette Taylor und Patricia Kowalski (2004) befragten Psychologiestudierenden angaben, dass sie an die Wirkung subliminaler Reize glauben.

Interessanterweise gibt es Belege dafür, dass Psychologen unter streng kontrollierten Laborbedingungen kurz andauernde, mäßige subliminale Effekte nachweisen können. In den Experimenten lassen die Versuchsleiter Priming-Wörter oder Bilder auf einem Bildschirm so kurz aufblitzen, dass der Beobachter nicht wahrnehmen kann, was diese aufblitzenden Wörter oder Bilder zum Inhalt haben. Im psychologischen Fachjargon heißt es, dass diese Hinweisreize die Geschwindigkeit oder die Genauigkeit erhöhen, mit der die Probanden den darauffolgenden Stimulus identifizieren. Die Psychologen ermitteln dann, ob die Bedeutungen oder der emotionale Inhalt der Hinweisreize die Antworten der Probanden beeinflussen. Dafür erhalten die Versuchsteilnehmer Aufgaben wie zum Beispiel das Vervollständigen eines Wortes mit fehlenden Buchstaben oder das Einschätzen der Emotion einer auf einem Foto gezeigten Person. Nicholas Epley und seine Mitarbeiter beschrieben zum Beispiel ein Experiment, bei dem die Forscher Studierende im Grundstudium Psychologie darum baten, Ideen für Forschungsprojekte zu entwickeln. Die Versuchsleiter präsentierten den Studierenden nachfolgend kurze Einblendungen, die entweder einen freundlich lächelnden bekannten Kollegen oder den missmutig dreinschauenden Fachbereichsleiter zeigten. Die Versuchspersonen nahmen die Einblendungen nur als kurze Lichtblitze wahr. Als Nächstes beurteilten sie die Qualität der Ideen für Forschungsprojekte, die sie zuvor genannt hatten. Ohne zu wissen weshalb, beurteilten die Studierenden, die zuvor das missmutige Gesicht des Fachbereichsleiters gezeigt bekommen hatten, ihre Ideen als schlechter als die Probanden, die das freundliche Lächeln eines Kollegen gesehen hatten.

Versuchsleiter können ebenso verbales Verhalten beeinflussen, wenn zum Beispiel ein gemeinsames Thema in einer Reihe von subliminal gezeigten Priming-Wörtern die Wahrscheinlichkeit erhöht, dass eine Person ein ähnliches Wort aus einer Liste mit Alternativen auswählen wird. Wenn zum Beispiel ein Begriff mit dem Wortstamm „gui_ _" gezeigt wird und der Proband gebeten wird, das Wort zu komplettieren, sind die Wörter „guide" (Fremdenführer) und „guile" (Arglist) gleichermaßen Optionen. Versuche haben gezeigt, dass die Wahrscheinlichkeit, dass die Versuchsperson das Wort „guide" auswählt, dadurch deutlich erhöht werden kann, wenn ihr vorher Wörter wie „direct" (führen), „lead" (leiten) und „escort" (begleiten) als Hinweisreize gezeigt wurden. Wenn man der Versuchsperson im vorherigen Priming Worte wie „deceit" (Betrug), „treachery" (Verrat) und „duplicity" (Falschheit) zeigte, erhöhte sich die Wahrscheinlichkeit, dass der Proband den Begriff „guile" auswählte.

Subliminal bedeutet „unterhalb der Wahrnehmungsschwelle". Die Wahrnehmungsschwelle ist die schmale Spanne, in der ein abnehmender Stimulus sich aus dem gerade noch wahrnehmbaren Bereich in einen gerade nicht mehr wahrnehmbaren Bereich bewegt. Wenn der Stimulus ein Wort oder ein Satz ist, ist das erste Hindernis, das er bewältigen muss, die *einfache*

Detektionsgrenze. Das ist die Schwelle, an der Probanden schemenhaft wahrnehmen, dass der Versuchsleiter einen Hinweisreiz gezeigt hat, auch wenn sie nicht identifizieren können, was sie gehört oder gesehen haben. Der Versuchsleiter muss den Stimulus etwas länger und in einer höheren Intensität zeigen, um die nächste Wahrnehmungsstufe, die *Erkennungsgrenze,* zu erreichen. Das ist der Zeitpunkt, an dem der Proband genau sagen kann, was er gesehen oder gehört hat. Wenn der Hinweisreiz zu unauffällig ist oder durch Geräusche so sehr verdeckt wird, dass er keine physiologische Reaktion im Seh- oder Hörzentrum des Empfängers erzeugt, kann er nicht beeinflussen, was eine Person denkt, fühlt oder tut. Basta. Botschaften, die in der Grauzone zwischen der Detektionsgrenze und der Erkennungsgrenze liegen, oder solche, denen wir einfach keine Beachtung schenken, beeinflussen manchmal unsere Emotionen oder unser Verhalten.

Die Selbsthilfeindustrie, die mit subliminalen Hilfsmitteln arbeitet, hofft, dass Sie die Behauptung schlucken, dass Ihr Gehirn komplexe Bedeutungen von Sätzen, die als verschwindend geringe Reize dargestellt oder von anderen stärkeren Stimuli überdeckt werden, versteht und auf sie reagiert. Darüber hinaus behauptet sie, dass diese hinterhältigen unterschwelligen Stimuli besonders effektiv seien, weil sie sich ihren Weg in Ihr Unterbewusstsein bahnen, wo sie wie ein versteckter Marionettenspieler an Ihren Fäden ziehen. Sollte Sie das beunruhigen? Lesen Sie weiter.

Die fortschrittliche Psychologie erkennt an, dass unsere meisten mentalen Prozesse außerhalb unserer direkten Wahrnehmung stattfinden – dass unsere Gehirne viele Aufgaben gleichzeitig bearbeiten, ohne sie bewusst zu überwachen. Dessen ungeachtet ist diese Aussage weit von den Vorstellungen entfernt, von denen populärpsychologische Befürworter der subliminalen Effekte bezüglich der unbewussten Verarbeitung träumen. Unternehmen, die mit subliminalen Effekten arbeiten, sind Überbleibsel der Glanzzeiten der strengen Freud'schen Ansichten das Unterbewusstsein betreffend, eine Auffassung, von der sich die meisten Wissenschaftspsychologen längst verabschiedet haben. Wie Freud glauben auch die Anhänger der subliminalen Methoden, dass das Unterbewusstsein der Ursprungsort unserer primitiven und weitestgehend sexuellen Bedürfnisse ist, die überwiegend außerhalb unserer Wahrnehmung versuchen, unsere Entscheidungen zu beeinflussen.

Der Autor Vance Packard popularisierte diese Ansicht in seinem 1957 erschienenen Verkaufsschlager *Die geheimen Verführer – Der Griff nach dem Unterbewussten in jedermann*. Packard glaubte die Geschichte des Absatzberaters James Vicary vollkommen kritiklos. Der hatte behauptet, er habe im Kino von Fort Lee in New Jersey eine erfolgreiche Demonstration subliminaler Werbung durchgeführt. Vicary erklärte, er habe die Kinobesucher während eines Films wiederholt Hinweisreizen ausgesetzt, die kürzer gewesen seien als 3 Millisekunden. Sie hätten die Zuschauer dazu gebracht, Coca-Cola und Popkorn zu kaufen. Er verkündete, dass die Verkäufe von Coca-Cola und Popkorn in der sechswöchigen Phase des Experiments alle Rekorde gebrochen hätten, auch wenn die Kinobesucher die Kommandos nicht wahrgenommen hätten. Die Untersuchungsergebnisse Vicarys wurden umfassend anerkannt, obwohl er sie nie der genauen Prüfung durch eine Fachzeitschrift unterzog und es niemandem gelang, die Untersuchungsergebnisse zu bestätigen. Nachdem Vicary viel Kritik einstecken musste, gab er schließlich zu, dass er die Geschichte nur erfunden hatte, um seine erfolglose Unternehmensberatung wiederzubeleben.

Aber auch Vicarys Geständnis schaffte es nicht, sogar noch weiter hergeholte Beschuldigungen zu zerstreuen, dass Werbefachleute ahnungslose Zuschauer unterschwellig manipulieren würden. In einer Reihe von Büchern mit so packenden Titeln wie *Subliminal Seduction* (1973) behauptete der frühere Psychologieprofessor Wilson Brian Key, dass Werbegestalter sich zusammengetan hätten, um die Wahl der Konsumenten zu beeinflussen, indem sie Symbole und Symbolwörter mit Bezug zur Sexualität in Magazine und Fernsehübertragungen, auf Eiswürfeln, Speisen, Frisuren von Models und sogar Ritz-Crackern untergebracht hätten. Key warnte eindringlich davor, dass es genüge, diesen getarnten Bildern nur ein einziges Mal ausgesetzt zu sein und es könne passieren, dass der Konsument noch Wochen später davon beeinflusst würde. Obwohl Key keinerlei seriöse Beweise für seine Behauptungen erbrachte, führte der Aufruhr der Öffentlichkeit dazu, dass die U.S. Federal Communication Commission (FCC) sich diese Anschuldigungen genauer ansah. Auch wenn die FCC keinerlei Beweise dafür finden konnte, dass unterschwellige Werbung funktioniert, erklärte sie diese für „dem öffentlichen Interesse zuwider" und empfahl staatlich anerkannten Radio- und Fernsehanstalten, sich von ihr fernzuhalten. Bei einem Versuch, die Angst der Öffentlichkeit einzudämmen, erteilten darüber hinaus mehrere Branchenverbände der Werbeunternehmen Verbote, die verlangten, dass ihre Mitglieder Versuche unterlassen sollten, unter die wahrnehmbare Gürtellinie zu schlagen.

Obwohl Vicary seinen Betrug zugab und Key seine seltsamen Anschauungen nie einem richtigen Test unterzog, glaubten einige Leute immer noch, dass ihre Behauptungen es wert waren, dass man sie untersuchte. Also führte die Canadian Broadcasting Corporation (CBC) 1959 einen beispiellosen landesweiten Versuch durch. Während einer beliebten Sonntagabend-Sendung informierte die Fernsehanstalt ihre Zuschauer darüber, dass sie in wenigen Momenten einen Test zum Thema unterschwelliger Überzeugung durchführen werde. Die CBC blendete daraufhin nicht wahrnehmbar die Botschaft „Telefonieren Sie jetzt“ 352-mal während der Sendung ein. Telefongesellschaften stellten keine erhöhte Telefonnutzung fest und auch die Fernsehanstalt beobachtete keinen Anstieg der eingegangenen Anrufe. Einige Zuschauer, die anscheinend Vicarys Studie kannten, riefen bei dem Fernsehsender an und behaupteten, sie hätten nun mehr Hunger und mehr Durst, nachdem sie die Sendung gesehen hatten. Die Ergebnisse nachfolgender kontrolliert durchgeführter Versuche zur Leistungsfähigkeit der Hinweisanreize waren ebenfalls eindeutig negativ. Bis heute gibt es keine glaubhaften Beweise dafür, dass subliminale Botschaften die Kaufentscheidung der Konsumenten oder die Wahlentscheidung von Wählern beeinflussen können, vom Erbringen perfekter Erinnerungsleistungen und Wachsen größerer Brüste mal ganz abgesehen.

Die bizzarsten Anschuldigungen waren vielleicht jedoch, dass Heavy-Metal-Rockbands wie Judas Priest in ihre Lieder rückwärts abgespielte satanistische Botschaften eingebaut hätten. Panikmacher behaupteten, diese Botschaften würden suizidales Verhalten fördern, auch wenn nicht klar ist, welchen vorstellbaren Vorteil Unterhaltungskünstler daraus ziehen könnten, potentielle Käufer ihrer Alben auszurotten. Manche behaupteten sogar, dass es sich um einen Plan gehandelt haben soll, die Moral jugendlicher Musikfans zu untergraben. Viele Kritiker merkten allerdings an, dass Jugendliche auch ohne subliminale Hilfe dazu in der Lage seien, diese große Leistung zustande zu bringen. Aber das spielt ja keine Rolle.

John Vokey und J. Don Read (1985) unterzogen die Idee der subliminalen Rückwärts-Botschaften kontrollierten Versuchen. Bei einer besonders unterhaltsamen Demonstration fanden sie heraus, dass Versuchsteilnehmer mit besonders prüden Ansichten, denen man subtile Hinweise dazu gegeben hatte, was sie gleich zu hören bekommen würden, sehr wahrscheinlich nichtexistente pornographische Inhalte in rückwärts abgespielten Bibelpassagen wahrnehmen würden. Diese Resultate lassen darauf schließen, dass Leute, die behaupten, sie würden in kommerziellen Soundtracks eingebaute satanistische Botschaften hören, ihren überhitzten Gemütern erlauben, diese unzüchtigen Inhalte in bedeutungslose Klangbilder hineinzuinterpretieren. Es liegt alles im Ohr des Zuhörers.

Tests mit Selbsthilfeprodukten, die mit subliminalen Hinweisreizen arbeiten, fielen ebenfalls entmutigend aus. Anthony Greenwald und seine Mitarbeiter führten einen Doppelblindtest an kommerziell vermarkteten Tonträgern durch, die vorgeblich das Gedächtnis oder das Selbstbewusstsein verbessern. Der einen Hälfte der Probanden wurde mitgeteilt, sie würden die Kassetten hören, die die Gedächtnisleistung verbessern sollten, der anderen Hälfte gab man vor, sie würden die Bänder zur Steigerung des Selbstbewusstseins vorgespielt bekommen. Innerhalb dieser Gruppen bekam jeweils die Hälfte die Kassette, die sie erwartete, die andere Hälfte erhielt Kassetten mit einer anderen Botschaft. Die Teilnehmer gaben später an, sie hätten in der Art und Weise profitiert, die der angegebene Inhalt des Tonträgers implizierte, den sie erhalten zu haben *glaubten*. Diejenigen, die glaubten, sie hätten die Kassetten zur Steigerung der Gedächtnisleistung erhalten, aber in Wirklichkeit die Kassette zur Verbesserung des Selbstbewusstseins bekommen hatten, waren mit ihrer Verbesserung der Gedächtnisleistung genauso zufrieden wie diejenigen, die dieses Tonband tatsächlich erhalten hatten und andersherum. Dieses Ergebnis führte Greenwald und seine Mitarbeiter dazu, dieses Phänomen den *imaginären Placeboeffekt* zu nennen: Die Versuchspersonen hatten ihre Leistungen nicht verbessert, aber sie glaubten, sie hätten sich verbessert.

Trotz der erfolgreichen Entlarvung des Konzeptes durch die Wissenschaftler tauchen immer wieder Werbungen auf, die mit unterschwelligen Botschaften arbeiten. Während der Präsidentenwahl in den USA im Jahr 2000 entdeckten scharfäugige Anhänger der Demokraten in einem republikanischen Werbespot, der sich gegen den Kandidaten Al Gore richtete, sehr kurz eingeblendet das Wort „RATS“ über dessen Gesicht abgebildet. Die Gestalter des Werbespots behaupteten später, eigentlich habe das Wort „DEMOCRATS“ dort stehen sollen. Dass der erste Teil des Wortes abgetrennt worden sei, sei reiner Zufall gewesen. Allerdings gaben Werbeproduktionsexperten zu bedenken, dass eine solche unbeabsichtigte Einblendung aufgrund der fortgeschrittenen Technik äußerst unwahrscheinlich sei.

Vielleicht sollte das Abschlusswort an einen Sprecher einer Industrie gehen, bei der es über Leben oder Tod entscheidet, dass die Leute davon überzeugt werden, Dinge zu kaufen, die sie brauchen – oder vielleicht auch nicht. Bob Garfield (1994), ein Kolumnist der Zeitschrift *Advertising Age*, fasste die Meinung vieler Menschen zu diesem Thema zusammen: „Unterschwellige Werbung existiert nicht, außer im Bewusstsein der Öffentlichkeit, zumindest nicht in der an den Verbraucher gerichteten Werbung. Niemand macht sich die Mühe damit, weil es schwierig genug ist, die Leute zu beeindrucken, indem man ihnen plumpe Bilder um die Ohren haut."

2 Von der Wiege bis zur Bahre

Irrtümer über Entwicklung und Altern

Irrtum 4 Wenn man Babys Mozart vorspielt, fördert dies ihre Intelligenz

Wenige Qualitäten – oder sollte man sagen Quantitäten – sind in der Gesellschaft mehr geschätzt als Intelligenz und intellektuelle Fähigkeiten. Wenn es um akademische Leistungen geht, lieben Eltern es, mit ihren Kindern anzugeben. Schauen Sie sich nur die Autoaufkleber an, auf denen steht: „Mein Kind ist Klassenbester an der East Cantaloupe Highschool" oder „Stolze Eltern eines Hochbegabten an der North Igloo Primary School", oder zum Lachen: „Mein französischer Pudel ist klüger als dein Klassenbester." In der heutigen Halsabschneider-Welt ist es verständlich, dass Eltern begierig darauf sind, ihren Kindern einen Wettbewerbsvorteil gegenüber ihren Mitschülern zu verschaffen. Diese unbestreitbare Tatsache wirft eine interessante Frage auf: Könnten Eltern ihren Kindern möglicherweise zu einem Frühstart verhelfen, indem sie sie in ihrer Kindheit intellektuell stimulieren, vielleicht schon wenige Monate, Wochen oder sogar Tage nach ihrer Geburt?

Das mag wie der Stoff eines Romans aus der Zukunft klingen. Aber dennoch schien sich genau dies im Jahr 1993 zu bewahrheiten, als in der renommierten Fachzeitschrift *Nature* ein Artikel zu dem Thema veröffentlicht wurde. In diesem Aufsatz berichteten drei Forscher der University of California, Irvine, dass College-Studenten, die bloße 10 Minuten einer Klaviersonate von Mozart gelauscht hatten, eine signifikante Verbesserung ihrer Leistung in einem Test zu räumlichem Denken zeigten. Es handelte sich dabei um einen Test, bei dem Papier gefaltet und zerschnitten werden musste. Studenten, die eine Entspannungskassette oder gar nichts gehört hatten, schnitten im Vergleich schlechter ab. Die durchschnittliche Verbesserung lag bei einer Steigerung von etwa 8 bis 9 IQ-Punkten. Der Mozart-Effekt – eine Bezeichnung, die von dem Physiker Alfred Tomatis geprägt und später durch den Pädagogen und Musiker Don Campbell in Bezug auf die angebliche Steigerung der Intelligenz durch das Hören von klassischer Musik bekannt wurde – war geboren.

Die Ergebnisse aus dem Jahr 1993 sagten nichts über die Langzeiterfolge der Steigerung der Fähigkeit zum räumlichen Denken aus, von der Intelligenz im Allgemeinen mal ganz abgesehen. Sie bezogen sich nur auf eine Aufgabenstellung, die direkt im Anschluss an das Hören von Mozarts Musik ausgeführt wurde. Vor allem sagten die Forschungsergebnisse nichts über die Auswirkung von Mozarts Musik auf Kinder aus, da die Studie mit College-Studenten durchgeführt worden war.

Aber das hielt weder die Boulevardpresse noch die Spielzeugindustrie davon ab, den Mozart-Effekt-Ball aufzunehmen und es mit ihm zu probieren. Allein auf der Annahme basierend, dass die ursprünglichen Versuchsergebnisse sich auch auf Kinder anwenden ließen, begannen die Firmen bald, etliche Mozart-Effekt-CDs, -Kassetten und -Spielzeuge auf Babys loszulassen. Bis zum Jahr 2003 wurde Don Campbells beliebte Mozart-Effekt-CD über 2 Millionen Mal verkauft. Ab 2008 führte Amazon.com über 40 Produkte zum Mozart-Effekt, überwiegend CDs und Kassetten, von denen viele auf ihren Covern stolz kleine Kinder oder Neugeborene zeigen.

Die Psychologen Adrian Bangerter und Chip Heath beobachteten, dass mit der Behauptung über die Wirkung des Mozart-Effekts in der Gesellschaft Ähnliches passierte wie bei dem Spiel Stille Post: Sie wurde mit der Zeit immer weiter verzerrt und übertrieben dargestellt. Im Jahr 2000 behauptete ein Artikel in einer chinesischen Zeitung, dass „einer im Westen durchgeführten Studie zufolge“ Babys, denen „während der Schwangerschaft“ Mozart vorgespielt wurde, „klüger geboren werden sollten als ihre Peers“ (South China Morning Post, 2000). Allerdings hatten keine im Westen noch sonstwo durchgeführten Studien je die Auswirkungen des Mozart-Effekts auf ungeborene Kinder untersucht. Ein Artikel, der 2001 im Milwaukee Journal Sentinel erschien, bezog sich auf „zahlreiche Studien zum Mozart-Effekt und wie dieser Grundschülern, Gymnasiasten und sogar Kleinkindern helfen würde, ihre mentalen Leistungen zu verbessern“, obwohl kein Forscher jemals die Auswirkungen der Musik Mozarts auf diese Gruppen untersucht hat.

Diese weit verbreitete Berichterstattung durch die Medien scheint sich auf die Wahrnehmung der Öffentlichkeit ausgewirkt zu haben. Zwei Umfragen zeigten, dass der Mozart-Effekt bei über 80% der Amerikaner bekannt war. Eine Umfrage unter Erstsemesterstudenten des Faches Psychologie zeigte, dass 73% der Befragten glaubten, dass „die eigene Intelligenz durch das Anhören von Mozart gesteigert wird". Vor einigen Jahren veranlasste der Trainer des New York Jets American Football Teams, dass während des Trainings der Mannschaft aus den Lautsprechern Musik von Mozart ertönte, in dem Bestreben, deren Leistung zu verbessern. Eine Volkshochschule in New York stellte sogar einen Mozart-Effekt-Lernraum zur Verfügung.

Der Mozart-Effekt erreichte schließlich sogar die heiligen Hallen des Landtages von Georgia. 1998 fügte der damalige Gouverneur von Georgia, Zen Miller, dem Etat $ 105 000 hinzu, damit jedes neugeborene Kind in Georgia eine Mozart-CD oder -Kassette umsonst bekomme. Gleichzeitig machte er auch seine couragierte Initiative für die inspirierenden Klänge von Beethovens 9. Symphonie bekannt. Laut Miller „zweifelt niemand daran, dass Musikhören in einem jungen Alter sich auf das räumliche und zeitliche Denken auswirkt, das Mathematik, Technik und sogar dem Schachspiel zugrunde liegt". Der Gouverneur von Tennessee, Don Sundquist, zog bald nach und der Senat des Staates Florida überreichte einen Scheck mit der Forderung, dass Tagesstätten, die staatliche Förderungen erhielten, Kindern täglich klassische Musik vorspielen müssten (State of Florida Bill 660, 21. Mai 1998).

Aber bedeutet all dies nicht, dass der Mozart-Effekt wahr ist? Ist er das?

Verschiedene Forscher, die versuchten, die Ergebnisse der Originalstudie zu wiederholen, berichteten, sie hätten nur unbedeutende oder sogar gar keine Auswirkungen festgestellt. Analysen, die die Ergebnisse anhand von Metaanalysen prüften, zeigten, dass der Mozart-Effekt nicht signifikant in seinen Auswirkungen – es handelte sich durchschnittlich um zwei oder sogar weniger IQ-Punkte mehr – und in der Dauer der Auswirkungen ist. Der Effekt hielt meist nur für eine Stunde oder kürzer an. Einige Forscher behaupteten nun, dass sich der Mozart-Effekt nur zeigen würde, wenn bestimmte Musikstücke vorgespielt würden. Diese Behauptungen wurden jedoch nie von anderen Forschern bestätigt. Keine der Studien hat je Kinder untersucht, von Kleinkindern ganz zu schweigen, die die vermeintlichen Profiteure des Mozart-Effekts sein sollten. Der Gouverneur von Georgia, Zen Miller, drängte Befürworter des Mozart-Effekts, diese negativen Forschungsergebnisse zu ignorieren, und beschwichtigte, „man solle sich nicht von irgendwelchen Akademikern, die andere Akademiker entlarven würden, in die Irre führen lassen". Allerdings funktioniert die Wissenschaft genau so am besten: indem sie Behauptungen widerlegt, korrigiert und revidiert, die einer sorgfältigen Prüfung nicht standgehalten haben.

Später halfen Forscher dabei, die Quelle des Mozart-Effekts festzustellen. In einer Studie baten sie Studierende, einem heitereren Stück von Mozart, dann einem deprimierenden Stück eines anderen Komponisten und schließlich der Stille zu lauschen. Direkt nach dem Hören der verschiedenen Komponenten des Versuchs sollten die Versuchsteilnehmer bei einer Aufgabe Papier falten und zerschneiden. Das Musikstück von Mozart verbesserte die Leistung im Verhältnis zu den beiden Kontrollbedingungen, aber es erhöhte auch die emotionale Erregtheit im Verhältnis zu den anderen beiden Bedingungen. Als die Forscher statistische Methoden einsetzten, um die Auswirkungen der emotionalen Erregtheit zu beseitigen, verschwand der Mozart-Effekt. Eine andere Studie hatte zum Ergebnis, dass auch das Hören von Musikstücken von Mozart den Probanden bezüglich ihrer räumlichen Fähigkeiten nicht mehr half, als wenn sie eine Passage aus einer gruseligen Geschichte wie aus einem Horrorroman des Autors Stephen King zu hören bekamen.

Diese Ergebnisse legen eine andere Erklärung für den Mozart-Effekt nahe: eine Kurzzeiterregung. Alles, was die Aufmerksamkeit erhöht, steigert wahrscheinlich auch die Leistung bei geistigen Herausforderungen. Es ist aber unwahrscheinlich, dass dies auch lang anhaltende Auswirkungen auf die räumlichen Fähigkeiten, oder in diesem Fall die Intelligenz hat. Wir brauchen die Musik von Mozart also nicht, um unsere Leistungen zu steigern. Ein Glas Limonade oder eine Tasse Kaffee dürften genauso wirksam sein.

Das Entscheidende ist: Der Mozart-Effekt mag zutreffen, wenn man davon ausgeht, dass er die unmittelbare Leistung bei einigen mental fordernden Aufgaben verbessert. Aber es gibt keinen Beweis dafür, dass dies mit der Musik Mozarts oder mit Musik im Allgemeinen zusammenhängt. Genauso wenig gibt es einen Nachweis dafür, dass Musik die Intelligenz bei Erwachsenen steigert, geschweige denn bei Kindern. Natürlich ist es eine wunderbare Idee, Kindern die Musik von Mozart und anderen großen Komponisten näherzubringen und das nicht nur, weil diese Musik so erhebend sein kann, sondern weil sie einen so großen Einfluss auf die westliche

Kultur gehabt hat. Aber Eltern, die hoffen, dass sie mithilfe des Amadeus-Soundtracks ihre Kinder in Genies verwandeln können, können wir nur raten, ihr Geld zu sparen.

Der populäre Hype, der dem Mozart-Effekt auf dem Fuße folgte, war nicht der erste Anlass, der Unternehmern die Gelegenheit bot, aus dem Wunsch eifriger Eltern, die Intelligenz ihrer Kinder zu steigern, Kapital zu schlagen. Viele dieser Vermarkter griffen die weit verbreiteten, aber schlecht belegten Behauptungen auf, dass die ersten drei Jahre in der Entwicklung der Intelligenz des Kindes eine besonders große Rolle spielen würden. In den 1980er Jahren beschallten tausende von Elternpaaren ihre Neugeborenen stundenlang mit Fremdsprachen und höherer Mathematik mit dem Ziel, „Superbabys" aus ihnen zu machen. Aber es kamen keine Superbabys dabei heraus. Heute gibt es eine 100 Millionen US-Dollar pro Jahr schwere Industrie, die Produkte wie „Baby Einstein"-Spielzeuge und Videos zur angeblichen Steigerung der Intelligenz vertreibt. Allerdings gibt es keine glaubwürdigen Beweise dafür, dass diese Produkte ihre ausgewiesene Wirkung tun. Im Gegenteil legen Forschungsergebnisse nahe, dass Babys viel weniger von Videos lernen als wenn sie über dieselbe Zeitspanne aktiv spielen.

Die Arbeit des bekannten russischen Entwicklungspsychologen Lev Vygotsky könnte dabei helfen zu erklären, weshalb diese Fabrikate zum Scheitern verurteilt sind. Wie Vygotsky (1978) beobachtete, fällt Lernen in der von ihm so bezeichneten „Zone der nächsten Entwicklung" am leichtesten, wenn Kinder eine Aufgabe noch nicht selbst bewältigen, sie aber mit Unterstützung anderer Personen lösen können. Wenn 3-jährige Kinder nicht die kognitiven Fähigkeiten besitzen, eine Rechenmethode zu erlernen, werden ihre mathematischen Fähigkeiten sich nicht verbessern, egal wie lange die Eltern die Kinder mit der Rechenmethode beschallen. Ein solches Vorgehen wird auch nicht dazu beitragen, diese Kinder in Superbabys zu verwandeln, weil die Rechenmethode schlicht und ergreifend außerhalb ihrer Zone der nächsten Entwicklung liegt. Egal, wie wenig ungeduldige Eltern es hören wollen: Kinder können erst dann etwas lernen, wenn ihr Intellekt es zulässt.

Irrtum 5 Die Pubertät ist unausweichlich eine Zeit psychischer Turbulenzen

In einem unlängst erschienenen Ratgeberteil einer wöchentlichen Zeitung suchte eine entnervte Mutter Rat bei dem Kolumnisten Hap LeCrone. Dieser solle ihr erklären, was mit ihrer 11-jährigen Tochter los sei, die bislang ein unbeschwertes und glückliches Kind gewesen sei. „Wenn uns etwas gefällt, hasst sie es", schrieb die Mutter. Ihre Tochter „will uns nirgendwo mehr hinbegleiten" und „ihre Antworten sind meist nicht sehr höflich". Schlimmer noch, „sie dazu zu bekommen, ihr Zimmer sauber zu halten oder sich nett anzuziehen, muss mühsam erkämpft werden", und „Widerspruch ist Normalität". Was zum Teufel geht hier vor sich, fragte sich die Mutter. LeCrone antwortete kurz und bündig: „Manche Eltern nennen das, was Sie gerade durchmachen, die Krankheit der Pubertät."

Die Ansicht, dass die Pubertät immer oder fast immer eine Zeit emotionalen Aufruhrs ist, ist kaum neu. Der Psychologe G. Stanley Hall, erster Präsident der „American Psychological Association", war der Erste, der sich im Kontext der Pubertät auf die „Sturm und Drang"-Phase bezog. Er hatte den Begriff, der die Leidenschaft und häufig schmerzvollen Emotionen betonte, dem Sturm und Drang der deutschen Literatur in der Epoche der Aufklärung entliehen. Später popularisierte Anna Freud, Sigmund Freuds Tochter und ihres Zeichens eine bekannte Psychoanalytikerin, die Ansicht, dass die Pubertät als emotionaler Umbruch überall vorkomme. Sie schrieb, dass „es unnormal sei, während der Pubertät normal zu sein", und „dass die Pubertät naturgemäß eine Unterbrechung des friedlichen Reifens ist". Für Anna Freud ist der Jugendliche pathologisch auffällig. Er ist einer viel größeren Gefahr ausgesetzt, als Erwachsener psychische Probleme zu erleiden, wenn er während der Pupertät wenige Beschwerlichkeiten durchmachen musste.

Heutige Populärpsychologen haben die Wahrnehmung angeheizt, dass die Teenagerjahre für gewöhnlich Zeiten großer familiärer Dramen seien. Beispielsweise der Klappentext des Buches *Preparing for Adolescence* von Dr. James Dobson, einem Experten für Kindererziehung, informiert den Leser darüber, dass das Buch „Teenagern durch die schwierige Zeit der Pubertät helfen wird" und „Eltern unterstützen wird, die wissen wollen, wie sie ihrem Kind erklären können, was in diesen turbulenten Jahren auf es zukommt". Eine Fernsehsendung mit „Dr. Phil" (Phil McGraw), einem amerikanischen Psychologen, warnte ihre Zuschauer, „dass die Teenagerjahre der schlimmste Albtraum der Eltern sein können", und „versprach, Wege zu besprechen, wie Eltern und Kinder die Pubertät überleben können".

Das Klischee der „schrecklichen Teenagerjahre" findet sich auch häufig in der Entertainmentbranche wieder. Dutzende von Filmen, darunter *Denn sie wissen nicht, was sie tun* (1955), *Eine ganz normale Familie* (1980), *Kids* (1995), *Durchgeknallt* (1999) und *Dreizehn* (2003) haben die Mühsal der geplagten Pubertierenden zum Thema. Auch der Bestsellertitel *Der Fänger im Roggen* von J. D. Salinger befasst sich mit dem Schmerz und der Verwirrung der Pubertät.

Weil Bücher und Filme sich wesentlich häufiger mit Erzählungen von mit Problemen belasteten Jugendlichen beschäftigen als mit gesunden Heranwachsenden – ein Hollywoodfilm über einen vollkommen normalen Teenager wird kaum eine interessante Handlung bieten, abgesehen davon, dass er keine Kinokassen füllen würde –, wird die Öffentlichkeit routinemäßig nichtzufälligen Stichproben von auffälligen Teenagern ausgesetzt. Daher ist es nicht überraschend, dass Laien glauben, die Pubertät sei gewöhnlich eine Zeit des Sturm und Drangs. Wie der Psychologe Albert Bandura (1964) bemerkte: „Wenn sie einen beliebigen Mann auf der Straße aussuchen, ihn am Arm ergreifen und das Wort Pubertät aussprechen würden, ist es sehr wahrscheinlich, … dass seine Assoziationen zu dem Begriff die Worte Sturm und Drang, Anspannung, Rebellion, Abhängigkeitskonflikte, Peergroupkonformität, schwarze Lederjacken und so weiter beinhalten würden."

Banduras informale Beobachtungen werden von Umfragen unter Collegestudenten gestützt. Grayson Holmbeck und John Hill (1988) fanden heraus, dass Studenten im Grundstudium, die in einer Vorlesung zum Thema Pubertät eingeschrieben waren, eine Durchschnittspunktzahl von 5,2 (von 7 möglichen) bei dem Bestandteil „Die Pubertät ist eine stürmische und stressige Phase" erreichten. Eltern und Lehrer teilen dazu eine sehr ähnliche Meinung. Diese Meinung ist selbst unter medizinischem Fachpersonal weit verbreitet. Eine Umfrage unter der Belegschaft eines Kinderkrankenhauses zeigte, dass 62 % der Assistenzärzte und 58 % des Pflegepersonals glaubten, dass „die Mehrheit der Jugendlichen während der Pubertät neurotisches oder dissoziales Verhalten zeigt". Zudem waren 54 % der Assistenzärzte und 75 % des Pflegepersonals der Meinung, dass „Ärzte und Pflegepersonal über die Einstellung derjenigen Jugendlichen besorgt sein müssten, die keinerlei Ärger verursachten und keine Beeinträchtigungen erführen", was die Position von Anna Freud widerspiegelt, die glaubte, der „normale" Jugendliche sei unnormal.

Um Behauptungen bezüglich der pubertären „Sturm und Drang"-Phase zu bewerten, müssen wir drei Bereiche jugendlichen Verhaltens untersuchen: (1) Konflikte mit den Eltern, (2) Launenhaftigkeit und (3) risikoreiches Verhalten. Die Forschung zeigt, dass dieser Mythos wie viele andere in diesem Buch einen wahren Kern hat, der wahrscheinlich für seine Bekanntheit verantwortlich ist. Zumindest in der amerikanischen Gesellschaft haben Jugendliche ein erhöhtes Risiko für alle drei genannten Bereiche. Konflikte mit den Eltern eskalieren während der Pubertät, Jugendliche berichten über häufigere Stimmungswechsel und über extremere Launen als dies Nicht-Teenager tun. Zudem setzen sich Teenager mehr Risiken aus als Nicht-Pubertierende dies tun. Es ist also wahr, dass die Pubertät eine Zeit erhöhter psychischer Konflikte für *manche* Jugendliche ist.

Bitte beachten Sie, dass wir „manche" kursiv geschrieben haben. Dasselbe Datenmaterial zeigt eindeutig, dass jede dieser Schwierigkeiten lediglich auf eine kleine Minderheit der Jugendlichen zutrifft. Die meisten Studien bilden ab, dass nur 20% der Jugendlichen ausgesprochenen Aufruhr durchleben. Die wesentliche Mehrheit erlebt generell eher gute Stimmungen und harmonische Verhältnisse mit ihren Eltern und Gleichaltrigen. Starke emotionale Aufregungen und Konflikte mit den Eltern sind weitestgehend auf Jugendliche mit eindeutigen psychischen Problemen wie Depressionen oder Verhaltensstörungen eingeschränkt. Auch bei Jugendlichen mit schwierigem familiären Hintergrund kommt es eher zu Schwierigkeiten. Die Behauptung, Jugendliche seien während der Pubertät immer schwierig, lässt sich also nicht aufrechterhalten. Im Gegenteil ist dies eher die Ausnahme als die Regel. In einer Studie wurden 73 männliche Jugendliche über einen Zeitraum von 34 Jahren beobachtet. Auch diese Untersuchung fand nicht den geringsten Beweis dafür, dass ausgeglichene Jugendliche ein höheres Risiko für psychische Erkrankungen im späteren Leben haben. Diese Untersuchungsergebnisse widersprechen den Behauptungen von Anna Freud, dass scheinbar normale Jugendliche eigentlich unnormal und dass psychische Probleme im Erwachsenenalter ihr Schicksal seien.

Des Weiteren widersprechen interkulturelle Untersuchungsergebnisse der Ansicht, die Pubertät sei in jedem Fall eine Zeit von Sturm und Drang.

Diese Daten sprechen von der Pubertät als einer relativ friedlichen und ruhigen Zeit in vielen traditionellen und nicht-westlichen Gesellschaften. In Japan oder China zum Beispiel vergehen die Pubertätsjahre meistens ohne Störungen. 80–90% der japanischen Jugendlichen beschreiben ihr Leben zu Hause als „lustig" oder „angenehm" und berichten von positiven Beziehungen zu ihren Eltern. Ein ähnliches Ausbleiben pubertärer Probleme lässt sich in Ländern wie Indien, den subsaharischen Ländern Afrikas, in Südostasien und einem Großteil der arabischen Länder bestätigen. Darüber hinaus gibt es Hinweise dafür, dass die vermehrte Verwestlichung dieser Länder mit ansteigendem Kummer während der Pubertät verbunden ist. Es ist nicht bekannt, weshalb pubertäre Probleme in westlichen Kulturen häufiger vorkommen als in nicht-westlichen Kulturen. Einige Autoren haben vermutet, dass der Grund darin liegt, dass die Eltern in westlichen Kulturen – im Gegensatz zu Eltern in nicht-westlichen Kulturen – dazu tendieren, ihre Zöglinge eher wie Kinder zu behandeln und nicht wie reifende Erwachsene mit entsprechenden Rechten und Pflichten. Daher könnte es sein, dass diese Jugendlichen sich gegen die Einengungen durch ihre Eltern wehren und daher dissozial verhalten.

Können falsche Ansichten über die unausweichlichen Probleme während der Pubertät Schaden anrichten? Vielleicht. Die tatsächlich vorhandenen Probleme einiger Heranwachsender als „vorübergehende Phase" oder als Erscheinungsform eines normalen, aber mit Problemen behafteten Zeitabschnitts abzutun, kann dazu führen, dass zutiefst bekümmerte Jugendliche nicht die psychologische Hilfe erhalten, die sie bitter benötigen. Zugegebenermaßen mögen manche Hilferufe manipulative Tricks sein, um Aufmerksamkeit zu erhalten, aber viele andere sind Zeichen verzweifelter Jugendlicher, deren Leiden ignoriert werden.

Irrtum 6 Die meisten Menschen erfahren in ihren 40ern und frühen 50ern eine Midlife-Crisis

Ein 45-jähriger Mann kauft sich den Porsche, den er schon immer besitzen wollte, trägt einen neuen Bart zur Schau, bekommt kahle Stellen am Kopf, verlässt seine Frau für eine 23-Jährige und gibt einen großen Teil seiner Altersvorsorge für eine Reise in den Himalaya aus, um mit dem Guru des Tages zu meditieren. Viele Leute unserer Gesellschaft würden diese für ihn untypischen Verhaltensweisen einer „Midlife-Crisis“ zuschreiben, einer Phase charakterisiert von tiefgreifendem Sich-selbst-in-Frage-Stellen und Turbulenzen im mittleren Alter (meist vom 40. bis zum 60. Lebensjahr), wenn der Mensch sich mit der eigenen Sterblichkeit, dem körperlichen Verfall und unerfüllten Hoffnungen und Träumen auseinandersetzt.

Die Idee, dass viele Menschen eine schwierige Veränderung im Leben durchmachen, wenn sie ungefähr in der Mitte zwischen Geburt und Tod festhängen, ist keine neue Erkenntnis. Bereits im 14. Jahrhundert riefen die ersten Zeilen von Dante Alighieris (1265–1321) Epos *Göttliche Komödie* den Gedanken an eine Midlife-Crisis hervor:

> Auf halbem Weg des Menschenlebens fand
> Ich mich in einen *finstern Wald* verschlagen,
> Weil ich vom graden Weg mich abgewandt.

Aber erst 1965 prägte Elliott Jacques die Bezeichnung „Midlife-Crisis“, um damit die zwanghaften Versuche, jung zu bleiben und der Unvermeidlichkeit des Todes zu trotzen, die er bei mittelalten Künstlern und Komponisten beobachtet hatte, zu charakterisieren. Jacques servierte der Öffentlichkeit und der Wissenschaftsgesellschaft diesen eingängigen Ausdruck, um beinahe jede beunruhigende Veränderung zu beschreiben, die Menschen mittleren Alters erleben können. Ein Jahrzehnt später zementierte Gail Sheehys (1976) Bestseller *Passages: Predictable Crises of Adult Life* die Idee einer Midlife-Crisis in der Vorstellung der Öffentlichkeit. Bis 1994 glaubten 86 % befragter junger Erwachsener an die Existenz der Midlife-Crisis.

Die Filmindustrie ergriff die Idee der turbulenten Phase in der Lebensmitte, indem sie alberne und verkorkste, aber dennoch sympathische, mittelalte Typen darstellte – die Protagonisten waren meist männlich –, die die Frage nach dem Sinn ihres Lebens und dessen Wert hinterfragen. In *City Slickers – Die Großstadt-Helden* (1991) machen drei Männer (gespielt von Billy Crystal, Daniel Stern und Bruno Kirby) eine zweiwöchige Pause von ihrem eintönigen Leben und nehmen an einem Viehtrieb von New Mexico nach Colorado teil. Ein aktuellerer Film zu dem Thema ist *Born to be Wild – Saumäßig unterwegs* (2007), der das Abenteuer von vier Männern mittleren Alters zeigt, die sich mit ihren Motorrädern auf den Weg machen, um die spannende Zeit ihrer Jugend wieder aufleben zu lassen. Aber kein Film fängt die angeblich ausgefahrenen Gleise der mittleren Lebensjahre so gut ein wie *Und täglich grüßt das Murmeltier* (1993), in dem der Komödiant Bill Murray Phil Connors darstellt, einen alkoholabhängigen, egozentrischen Wetteransager aus dem Fernsehen, der in einer Zeitschleife festsitzt und jeden Tag denselben Tag wieder durchleben muss, bis er schließlich kapiert, dass sein Leben eine Bedeutung haben kann, wenn er ein besserer Mensch wird. In dem Film *Annies Männer* (1988) spielt Kevin Costner den Baseballspieler „Crash" Davis, der, verbannt in die unteren Ligen, einen talentierten Spieler betreut. Crash ist sich sehr genau seiner dahingleitenden Jugend bewusst, genauso wie er seine geringer werdende Fähigkeit wahrnimmt, sicher zur Home Plate zu rutschen. Schließlich findet er Liebe und Erfüllung, als er sich entschließt, eine Beziehung mit dem Baseball-Groupie Annie Savoy (gespielt von Susan Sarandon) einzugehen. Der Film *American Beauty*, der den Academy Award in verschiedenen Kategorien gewann, stellt anhand seines Protagonisten Lester Burnham (gespielt von Kevin Spacey) alle stereotypen Anzeichen der Midlife-Crisis dar. Er kündigt seinen anspruchsvollen Job, um als Frikadellenwender zu arbeiten, beginnt Drogen zu nehmen, macht Sport, kauft sich einen Sportwagen und verknallt sich in die Teenager-Freundin seiner Tochter.

Das Internet und Bücher stellen Ratschläge zur Verfügung, die den Menschen nicht nur helfen, ihre eigene Midlife-Crisis zu überwinden, sondern auch die ihrer Ehepartner. Sie haben richtig gelesen: Frauen sind auch nicht gegen die Angst vor der Midlife-Crisis gefeit. Die Internetseite des *Midlife Club* (http://midlifeclub.com) warnt ihre Besucher: „Egal, ob es Ihre eigene Midlife-Crisis ist oder die einer Person, die Sie lieben, egal, ob Sie ein Mann oder eine Frau sind – machen Sie sich auf eine holprige Reise gefasst!" Der Club kolportiert Bücher, in denen Männer und Frauen, die „es durch die Krise geschafft haben", ihr Wissen, ihre Strategien und ihre Geschichten mit anderen teilen. Für $ 2500 können Sie „LifeLaunch" beim Hudson Institute of Santa Barbara (http://www.hudsoninstitute.com) erwerben. Für diesen gepfefferten Preis können Sie ein intensives Coaching erhalten, das Sie mit „Weitblick, Orientierung und durchdachtem Planen" durch Ihre Midlife-Crisis führen wird, während Sie „über all das reflektieren können, was Sie ins nächste Kapitel Ihres Lebens mitnehmen". Am anderen Ende des Preisspektrums können Sie ein Buch mit dem Titel *Overcome Midlife Crisis* bei HypnosisDownload für $ 12,95 mit einer 100%igen Geld-zurück-Garantie für 90 Tage (es werden keine Fragen gestellt!) und ein Versprechen erhalten, dass Sie „diese Gefühle der Midlife-

Crisis loswerden und das Leben wieder an den Hörnern packen werden" (http://www.hypnosisdownloads.com/downloads/hypnotherapy/midlife-crisis.html).

Der Psychologe Ian Gotlib untersuchte die Schlagzeilen und Sonderbeiträge des Bereichs „The New York Times Living Arts" 15 Monate lang. Er deckte auf, dass die Redakteure den Begriff „Midlife-Crisis" durchschnittlich zweimal im Monat einsetzten, um Buchrezensionen, Filme und Fernsehprogramme zu betiteln.

Zusätzlich zu der Berichterstattung im Internet und den Medien liegt ein anderer Grund dafür, dass der Glaube an die Existenz der Midlife-Crisis weiterbesteht, darin, dass diese auch ein Körnchen Wahrheit enthält. Der Psychologe Erik Erikson (1968) beobachtete, dass sich in der Mitte des Erwachsenenalters die meisten Menschen mit der Orientierung, der Bedeutung und dem Sinn des Lebens auseinandersetzen und mit der Überlegung ringen, ob sie auf halbem Weg eine Korrektur des eingeschlagenen Kurses vornehmen sollten. Wir werden sehen, dass Erikson bei der Anzahl der Krisen im mittleren Alter übertrieben hat, er aber recht damit hatte, dass einige Menschen in der Mitte ihres Lebens starke Selbstzweifel hegen. Allerdings definieren Menschen ihre Ziele und Prioritäten in jeder Dekade ihres Lebens neu, genauso wie sie in jedem Jahrzehnt Krisen durchleben, wie auch das emotionale Auf und Ab zeigte, das Jugendliche erleben (aber bei Weitem nicht alle Jugendlichen sind betroffen, siehe Irrtum 7). Vielmehr sind die Erfahrungen, die als Midlife-Crisis in einen Topf geworfen werden, sehr breit gestreut – etwa ein Jobwechsel, eine Scheidung oder der Kauf eines Sportwagens – und auch nebulös. Aus diesem Grund könnte man fast jedes Kriselchen oder jede Lebensveränderung als Beweis für das katastrophale Scheitern der eigenen Existenz verstehen.

Manche „Symptome" der Midlife-Crisis wie etwa eine Scheidung kommen in der Regel in den mittleren Lebensjahren häufiger vor. In den USA lassen sich die meisten Leute innerhalb der ersten fünf Ehejahre scheiden, bei Männern ist das normalerweise im Alter von 33, bei Frauen im Alter von 31 Jahren. Wenn Menschen in ihren 40er Jahren ihr Traumauto kaufen, muss das nichts mit einer Krise zu tun haben. Viel eher können sie sich in diesem Alter wahrscheinlich endlich das Auto leisten, von dem sie seit ihren Jugendtagen geträumt haben.

Mythenkiller: Ein genauer Blick

Das „Leere Nest"-Syndrom

Eine Mutter geht in das Zimmer ihres Sohnes und riecht an seinem T-Shirt, kurz nachdem er zum Studieren ausgezogen ist. Auf einer Internetseite (http://www.netdoctor.co.uk/womenshealth/features/ens.htm), die über ihr ungewöhnliches Verhalten berichtet, erfahren wir, dass es sich um ein vollkommen normales Symptom des „Leeren Nest"-Syndroms handelt. Dieser Begriff bezieht sich auf die populäre Annahme, dass die meisten Frauen verstörende Gefühle einer Depression erleben, wenn ihre Kinder erstmals aus dem Haus sind oder heiraten. Die beliebte „Chicken Soup for the Soul"-Selbsthilfe-Reihe führt sogar ein Buch, dass sich gänzlich darum bemüht, „Leernestlern" dabei zu helfen, sich an die Belastung des Übergangs zu gewöhnen.

Tatsächlich gibt es nur spärliche Nachweise für die Annahme, dass Frauen die weibliche Variante der männlichen Midlife-Crisis durchmachen, wenn ihre Kinder flügge werden. Christine Proulx und Heather Helms (2008) befragten 142 Elternpaare, nachdem ihre Kinder ausgezogen waren. Die meisten Eltern (Männer wie auch Frauen) passten sich hervorragend an die neue Situation an, empfanden die Veränderung als positiv und sahen ihre Kinder als gleichrangig an, wenn sie größere Unabhängigkeit erreichten. Darüber hinaus erleben die meisten zurückgelassenen Eltern eine Steigerung ihrer allgemeinen Zufriedenheit, die im Zusammenhang mit der wiedergewonnenen Flexibilität und Freiheit zu sehen ist. Jüngste Belege aus Untersuchungen, die eheliche Beziehungen über einen Zeitraum von 18 Jahren verfolgt hatten, weisen auch auf eine Verbesserung des Ehelebens hin.

Eine Veränderung in der Verteilung der Rollen im Haushalt und das plötzliche zeitliche Mehr an Freiraum können von allen Familienmitgliedern eine Anpassung an die neue Situation erfordern. Menschen, die sich in erster Linie als Eltern definieren, haben traditionelle Vorstellungen von der Rolle der Frau in der Gesellschaft und in der Familie: Die Frau ist in der Regel Hausfrau ohne Beruf. Diese Personen sind besonders anfällig für das „Leere Nest"-Syndrom. Aber ein Kind, das sich weiterentwickelt, ist nicht typischerweise eine verheerende Erfahrung für die Eltern, wie es in den Medien oft dargestellt wird. Wenn die Kinder den Übergang in die Erwachsenenwelt erfolgreich schaffen und die Eltern die Früchte ihrer jahrelangen Erziehungsarbeit ernten können, dann ist das eher ein Anlass für ein Freudenfest.

Interkulturelle Studien bieten kein Futter für das Konzept, dass die mittleren Lebensjahre eine besonders anstrengende und schwierige Zeit sein sollen. Der Wissenschaftler Daniel Shek (1996) konnte in einer Studie, an der 1501 verheiratete Chinesen im Alter von 30 bis 60 Jahren teilnahmen, bei der Mehrheit der Frauen und Männer mittleren Alters keine hohen Werte an Unzufriedenheit, die sich an eine Krise annäherten, nachweisen. Wissenschaftler, die von der MacArthur Foundation gefördert wurden, banden eine Gesamtzahl von 7195 Männern und Frauen im Alter von 25 bis 74 in eine Studie ein, von denen sie 3032 in der größten Menschenstudie über die mittleren Jahre in Interviews befragten. Im Gegensatz zu dem populären Klischee empfanden die Menschen im Alter von 40 bis 60 Jahren im Allgemeinen das Gefühl, ihr Leben im Griff zu haben und erlebten im Verhältnis zu den vorangegangenen Jahrzehnten ein gesteigertes Wohlbefinden. Außerdem bewerteten mehr als dreiviertel der befragten Personen ihre Beziehung als gut bis hervorragend. Männer und Frauen waren gleichermaßen von dem betroffen, was man als Midlife-Crisis bezeichnen würde. Die Forscher fanden heraus, dass die Anzahl derjenigen, die befürchteten, eine Midlife-Crisis zu erfahren, größer war als die Anzahl derer, die tatsächlich eine solche durchleben mussten.

Einige weitere Ergebnisse entlarven die Midlife-Crisis ebenfalls als Mythos. Betrachtet man verschiedene Studien, so berichten nur 10–26% der Befragten, dass sie eine Midlife-Crisis erlebt haben. Die Einschätzung hing außerdem davon ab, wie die Forscher den Begriff Midlife-Crisis definiert hatten. Im mittleren Alter laufen viele Menschen zu psychischer Höchstform auf. Definitiv muss nicht jeder eine Midlife-Crisis befürchten, es besteht nicht einmal eine hohe Wahrscheinlichkeit dafür. Wenn Sie also radikale Veränderungen in Ihrem Leben durchführen und einen roten Sportwagen oder eine Harley Davidson kaufen wollen, ist es dafür niemals zu früh – und niemals zu spät.

Irrtum 7 Hohes Alter ist automatisch mit zunehmender Unzufriedenheit und Senilität verbunden

Denken Sie an eine Person, auf die folgende Beschreibung zutrifft: reizbar, exzentrisch, mürrisch, ängstlich bezüglich Veränderungen, depressiv, unfähig, mit technischen Neuerungen Schritt zu halten, einsam, abhängig, altersschwach und vergesslich. Wir wären sicherlich nicht sehr überrascht, wenn Sie nun an eine Person höheren Alters dächten – vielleicht gekrümmt und tattrig – passen diese Eigenschaften doch genau in das populäre, aber dennoch falsche Klischee, das wir von alten Menschen haben.

Viele Menschen nehmen an, dass ein Großteil der alten Leute depressiv, reizbar, ohne sexuelles Verlangen und entweder senil ist oder zumindest erste Anzeichen davon zeigt. 65% einer Stichprobe von 82 Erstsemesterstudenten im Fach Psychologie waren sich einig, dass „die meisten älteren Leute einsam und isoliert sind", und 38% glaubten, „wenn Menschen altern, werden sie automatisch reizbar". Auch 64% einer Stichprobe unter 288 Medizinstudenten waren der Meinung, dass „schwere Depressionen bei alten Menschen häufiger vorkommen als bei jungen Leuten".

Klischees durch die Medien ausgesetzt zu sein – man könnte sogar von Indoktrination sprechen – beginnt schon in jungen Jahren. In ihrer Studie zu Disney-Filmen fanden Tom Robinson und seine Kollegen heraus, dass 42% der älteren Charaktere wie beispielsweise Belles Vater aus *Die Schöne und das Biest* und Madame Mim aus *Die Hexe und der Zauberer* (nicht zu vergessen ist hier auch „Brummbär", einer der sieben Zwerge in *Schneewittchen*) in einem wenig positiven Licht dargestellt werden, nämlich als vergesslich, böse oder schrullig. Kinder, die mit solchen Stereotypen überschüttet werden, entwickeln so verständlicherweise bereits in jüngsten Jahren unvorteilhafte Vorstellungen von älteren Menschen.

Das unablässige Trommelfeuer von Fehlinformationen über das Altern hält sich hartnäckig durch das Erwachsenenalter hindurch. In einer Studie zu populären Teenagerfilmen zeigte sich, dass die meisten älteren Charaktere einige negative Eigenschaften aufwiesen, ein Fünftel der dargestellten Personen glichen gänzlich negativen Stereotypen. Das deprimierende und manchmal auch beängstigende Abbild des Alterns erstreckt sich auch auf Cartoons, Fernsehprogramme und Filme für Erwachsene. Man denke da an Grandpa Simpson aus der bekannten Serie *The Simpsons*, der im „old country" geboren wurde, sich aber nicht daran erinnern kann, welches Land er eigentlich meint. Oder die unkonventionelle Familie des Gangsters Tony Soprano in der TV-Serie *The Sopranos*: Seine Mutter Livia (gespielt von Nancy Marchand) wollte Tony verprügeln lassen, weil er sie in ein Altenheim stecken wollte („es ist eine Ruhestandsgemeinschaft, Ma!"). Sein dementer „Uncle Junior" (gespielt von Dominic Chianese) schoss Tony an, weil er glaubte, es handele sich um einen Feind, der 20 Jahre zuvor gestorben war. In dem Film *Die Geschwister Savage* (2007) kämpfen ein Sohn und eine Tochter, gespielt von Philip Seymour Hoffman und Laura Linney, mit ihren ambivalenten Gefühlen, als sie die Pflege ihres ältlichen Vaters (gespielt von Philip Brosco) übernehmen und seine körperliche wie auch geistige Gesundheit stetig verfällt und er anfängt, mit seinen Fäkalien zu spielen und er zunehmend vergesslicher wird.

Aufgrund der Panikmache durch die Medien über die scheinbar unausweichlichen Spuren des Alterns kann es kaum verwundern, dass es vor Irrtümern über ältere Mitbürger nur so wimmelt und dass Vorurteile alten Menschen gegenüber tief sitzen. John Hess (1991) zeigte auf, wie die Medien alte Menschen fälschlich beschuldigen, an vielen sozialen und politischen Übeln, wie hohen Steuern und dem Verursachen hoher Kosten durch medizinische Versorgung und den damit verbundenen finanziellen Auswirkungen auf den Staat, die Sozialversicherung und daraus resultierende Kürzungen an Programmen für Kinder und Behinderte, verantwortlich zu sein. Umfragen zeigen, dass das häufigste Gefühl von College-Studenten alten Menschen gegenüber Mitleid ist. Die Leute sehen schlechte Gedächtnisleistungen bei älteren Menschen als Indiz für erste Zeichen von geistiger Eingeschränktheit, bei jüngeren Menschen jedoch werden die gleichen Anzeichen als Unaufmerksamkeit und fehlendes Bemühen gewertet.

Diesen Ansichten scharf widersprechend widerlegen Forschungsergebnisse den Mythos, dass das hohe Alter (einsetzend mit 60 bis 65 Jahren) gewöhnlich mit Unzufriedenheit und Senilität gleichzusetzen ist. Eine Forschergruppe hat Erwachsene im Alter von 21 bis 40 Jahren und über 60 Jahren bezüglich ihrer Glücklichkeit und die Glücklichkeit der Durchschnittsperson in ihrem aktuellen Alter untersucht, nämlich mit 30 Jahren und mit 70 Jahren. Junge Erwachsene glaubten, dass die Menschen grundsätzlich weniger glücklich seien je älter sie würden. Das Gegenteil war jedoch der Fall: Ältere Erwachsene waren glücklicher als jüngere befragte Personen.

Bevölkerungsbezogene Umfragen zeigen, dass Depressionen am häufigsten in einem Alter von 25 bis 45 Jahren auftreten und dass die glücklichste Gruppe diejenige der 65-Jährigen und älteren Personen ist. Die Zufriedenheit steigt in den Altersgruppen der 60-Jährigen und vielleicht auch bei den Menschen in ihren 70ern. In einer Studie, in der 28 000 Amerikaner befragt wurden, berichteten ein Drittel der 88-Jährigen, sie seien „sehr glücklich". Die glücklichsten von allen waren die ältesten. Die Chance, glücklich zu sein, stieg in jedem Lebensjahrzehnt um 5%. Der Grund dafür, dass ältere Menschen glücklicher sind, könnte darin liegen, dass sie mit zunehmender Lebenserfahrung ihre Erwartungen herunterschrauben („Ich werde niemals einen Nobelpreis gewinnen, aber ich kann ein sehr guter Großvater sein"), ihre Grenzen respektieren und sich eher an positive als an negative Ereignisse erinnern.

Auch wenn Depressionen keine unausweichliche Folge des Alterns sind, betreffen sie doch 15% der alten Menschen. Viele Fälle von Depressionen in dieser Altersgruppe sind jedoch nicht auf das biologische Altern zurückzuführen, sondern hängen mit anderen Erkrankungen und Schmerzen zusammen, sind Nebenwirkungen von Medikamenten, sozialer Isolation oder dem Tod einer nahestehenden Person.

Im Gegensatz zu der Annahme, dass alte Menschen das Interesse an Sex verlieren, hat eine nationale Befragung von etwa 3000 Menschen gezeigt, dass mehr als dreiviertel der Männer zwischen 75 und 85 Jahren und die Hälfte ihrer Frauen darüber berichteten, dass sie nach wie vor Interesse an einem Sexualleben haben. Des Weiteren waren 73% der Menschen zwischen 57 und 64 Jahren noch sexuell aktiv, was ebenfalls auf 53% der Menschen im Alter von 64 bis 74 Jahren zutraf. Sogar in der ältesten untersuchten Gruppe der Menschen zwischen 75 und 85 Jahren berichteten 26% der befragten Personen, sie seien noch sexuell aktiv. Interessanterweise waren Gesundheitsprobleme wie Übergewicht und Diabetes eher Indikatoren bezüglich der sexuellen Aktivität als das Altern selbst. Wenn die allgemeine Gesundheit abnahm, so tat dies auch die sexuelle Aktivität.

Auch wenn Depressionen und das Abebben von sexuellen Wünschen nicht mit dem Erhalt einer Mitgliedskarte von der Amerikanischen Vereinigung für Ruheständler gleichzusetzen sind, sind Menschen dennoch von Natur aus dem Alterungsprozess im Allgemeinen und dem Gedächtnisverlust im Besonderen gegenüber misstrauisch. Viele Internetseiten machen sich beispielsweise lustig über alte Menschen, indem sie das Senilitätsgebet zitieren: „Gott, gib mir die Senilität, um die Menschen zu vergessen, die ich ohnehin nie mochte, das Glück, auf die zu treffen, die ich mag, und das Augenlicht, den Unterschied zu erkennen." Es kann auch nicht überraschen, dass populäre Bücher die Angst vor dem Altern thematisieren, sie sogar ausnutzen. Beispielsweise verspricht Zaldy Tans Buch mit dem Titel *Age-Proof Your Mind: Detect, Delay and Prevent Memory Loss – Before It's Too Late* (2008) einen Schutz vor Gedächtnisverlust. Ein Nintendospiel mit dem Titel „Dr. Kawashimas GEHIRN-JOGGING™ – Wie fit ist Ihr Gehirn?" erlaubt den Benutzern angeblich, das Alter ihres Gehirns durch mentale Übungen zu reduzieren, die den präfrontalen Kortex des Gehirns aktivieren.

Es ist normal, dass wir einen gewissen Gedächtnisverlust erleiden, wenn wir älter werden. Das schließt auch geringe Vergesslichkeit und Schwierigkeiten bei der Wortfindung bei Unterhaltungen mit ein. Aber schwerer Gedächtnisverlust, der mit Alzheimer verbunden wird, und andere Formen der Demenz, die unsere Funktionsfähigkeiten beeinträchtigen, sind keine typischen Alterserscheinungen. Menschen, die an Alzheimer erkrankt sind, finden sich in ihrer gewohnten Umgebung nicht mehr zurecht, erleiden Veränderungen ihrer Persönlichkeit, verlieren die Fähigkeit zu sprechen und haben Schwierigkeiten, neue Dinge zu lernen. Sie haben große Probleme, alltägliche Dinge zu erledigen. Etwa 4 Millionen Amerikaner leiden an Alzheimer. Die Krankheit kann einen Verlauf von 3 bis 20 Jahren nehmen, die Durchschnittslänge der Erkrankung liegt bei 8 Jahren. Wenn Menschen älter werden, steigt die Wahrscheinlichkeit, dass sie an Alzheimer erkranken. Es gibt aber auch Menschen, die bereits in ihren 30ern oder 40ern an Alzheimer erkranken. Genauso können aber Menschen über 85 Jahre nicht von der Krankheit betroffen sein, was bei drei Vierteln der älteren Menschen auch zutrifft.

Selbst in einem Alter von 80 Jahren müssen sich Intelligenz und verbale Fähigkeiten nicht besonders von denen jüngerer Menschen unterscheiden, auch wenn das Wortgedächtnis und die Fähigkeit, Nummern, Objekte und Bilder zu verarbeiten, für eine altersbedingte Verschlechterung anfällig sind. Auch hat Forschung zum Thema „kreative Fähigkeiten" darauf hingedeutet, dass Menschen in ihren 50ern oder älteren Jahrgängen in Disziplinen wie Geschichte oder im Schreiben fiktiver Geschichten ihre qualitativ beste Arbeit leisten. Sportliche Betätigung, gesunde Ernährung, Problemlösung und intellektuell aktiv zu bleiben und das Kompensieren von geringen Verlusten kognitiver Fähigkeiten mögen Bereiche sein, die mit zunehmenden Alter abnehmen. Dennoch haben Forscher die Effektivität von *Brain Age* und ähnlichen Produkten nicht nachweisen können.

Schließlich ist es ein Missverständnis, dass ältere Menschen nicht dazu in der Lage sind, neue Fähigkeiten zu erlernen, oder von neuartigen Geräten nur verwirrt werden – wie schon das Sprichwort sagt: „Einem alten Hund kann man keine neuen Tricks beibringen." In der bereits erwähnten Stichprobe, die mit Studenten durchgeführt wurde, waren 21 % der Befragten der Meinung, dass „alte Menschen große Schwierigkeiten beim Erlernen neuer Fähigkeiten haben". Die Medien parodieren zuweilen diese Darstellung älterer Leute. Ein gutes Beispiel hierfür ist Arthur Spooner (gespielt von Jerry Stiller) in der Fernsehserie *King of Queens*, der nicht weiß, wie man eine DVD anwendet. Aber viele alte Menschen lassen sich nicht von Computern, iPhones oder anderen neumodischen Geräten einschüchtern und haben das Interesse und die Zeit zu lernen, sie zu beherrschen, und sind dankbar dafür, dass es diese Dinge gibt. Um also ein altes (als Wortwitz gedachtes) Wortspiel zu korrigieren, könnte man sagen: „Einem alten Hund *kann* man neue Tricks beibringen – und noch vieles mehr."

Irrtum 8 Wenn man stirbt, durchläuft man eine universelle Abfolge psychischer Abschnitte

DABDA.

Überall in den USA verwenden Unmengen von Psychologen, Psychiatern, Pflegepersonal und Sozialarbeitern, die mit alten Menschen arbeiten, dieses Akronym als Eselsbrücke. DABDA steht für die fünf Phasen des Sterbens, die von der schweizerischen Psychiaterin Elisabeth Kübler-Ross (1969) in den späten 1960ern bekannt gemacht wurden: Nichtwahrhabenwollen und Isolierung (Denial), Zorn (Anger), Verhandeln (Bargaining), Depression (Depression) und Akzeptanz (Acceptance). Diese Phasen, die oft die „Fünf Phasen des Sterbens" genannt werden, beschreiben eine angeblich unausweichliche Sequenz von Abschnitten, die alle Menschen durchlaufen, wenn sie sterben. Erfährt ein Mensch, dass er bald sterben wird, so Elisabeth Kübler-Ross, will er dies zunächst nicht wahrhaben (Nichtwahrhabenwollen und Isolierung), wenn er begreift, dass es so kommen wird, reagiert er zornig (Zorn) und sucht dann vergeblich nach einer Möglichkeit, den Tod hinauszuzögern (Verhandeln). Wenn die Person realisiert, dass sie den Tod nicht abwenden kann, wird sie traurig (Depression) und akzeptiert schließlich die Tatsache, dass sie sterben wird, und begegnet dem Tod mit Abgeklärtheit (Akzeptanz).

Die Phasen des Sterbens werden von Großteilen des medizinischen und psychologischen Fach- sowie Pflegepersonals anerkannt. Umfragen zeigen, dass diese Phasen den meisten Studierenden der Fachbereiche Medizin, Krankenpflege und Sozialarbeit in den USA, Kanada und Großbritannien beigebracht werden.

Die Phasen sind ebenfalls in gängigen Kulturbereichen fest etabliert. Der Film *Hinter dem Rampenlicht*, der 1979 vier Oscars gewann, stellte die fünf Phasen des Sterbens nach Kübler-Ross in einer Inszenierung des imaginierten Todes des Choreographen Bob Fosse dar. In der sechsten Staffel der Fernsehserie *Frasier* durchläuft Frasier alle fünf Phasen des Sterbens, nachdem er seinen Job als Radiotalkshow-Psychologe verloren hat. In einer lustigen Darstellung von Kübler-Ross' Gerüst in der Fernsehserie *The Simpsons* absolviert Homer Simpson alle fünf Phasen binnen Sekunden, nachdem ihm ein Arzt (irrtümlicherweise) mitteilt, dass er stirbt. Die Phasen sind selbst auf der politischen Bühne populär. Ein Blogger im Internet verglich die ablaufenden Tage von Bushs Präsidentschaft mit jeder der fünf Phasen von Kübler-Ross' Theorie. Eine Kolumnistin der New York Times, Maureen Dowd (2008), versuchte, Hillary Clintons Zögern, ihre Niederlage bei der demokratischen Nominierung gegen Barack Obama im Sommer 2008 zu akzeptieren, mit den ersten Phasen des Sterbens zu erklären.

Die von Kübler-Ross beschriebenen Phasen des Sterbens sind nicht nur durch ihre große Präsenz in den Medien so bekannt, sondern auch weil sie den Menschen eine Art Vorhersehbarkeit in einer bislang unvorhersehbaren Angelegenheit ermöglichen, nämlich dem Sterbeprozess. Der Gedanke, dass die häufig Furcht einflößende Erfahrung des Sterbens einem Standardablauf folgt, der in einem Gefühl ruhiger Akzeptanz bezüglich des eigenen Schicksals endet, wirkt auf viele von uns beruhigend. Außerdem ist die Vorstellung, dass der Tod sich für uns alle in derselben sauberen und ordentlichen Form entfaltet, irgendwie ansprechend, vielleicht, weil dies einen rätselhaften Vorgang stark vereinfacht. Aber handelt es sich dabei um die Wahrheit?

Angesichts der Allgegenwärtigkeit der Kübler-Ross-Phasen in der populären Psychologie könnte man davon ausgehen, sie seien ausführlich durch die psychologische Forschung geprüft worden. Wenn dem so wäre, sollten wir noch einmal nachdenken. Tatsächlich ist die Unterstützung dieser Phasentheorie – wie bei den meisten psychologischen „Phasentheorien" – im besten Fall zwiespältig. Rückblickend sollten diese negativen wissenschaftlichen Nachweise nicht gänzlich überraschen können, weil die Behauptungen bezüglich der fünf Phasen von Elisabeth Kübler-Ross (1969) nicht auf sorgfältig kontrollierter Forschungsarbeit basieren. Insbesondere beruhen ihre Forschungsergebnisse gänzlich auf potentiell voreingenommenen Proben (sie untersuchte keinen breiten Querschnitt der Bevölkerung), subjektiven Beobachtungen und nichtstandardisierten Messmethoden der Emotionen der Menschen über einen bestimmten Zeitraum. Zugegebenermaßen durchlaufen manche Menschen einige oder sogar alle beschriebenen Phasen des Sterbens, so dass das Modell wahrscheinlich ein Körnchen Wahrheit enthält, das ihm Glaubwürdigkeit verleiht.

Forschungsergebnisse zeigen jedoch, dass viele sterbende Menschen die Phasen nicht in der festgelegten Reihenfolge durchlaufen. Stattdessen scheinen die Menschen mit ihrem „Todesurteil“ individuell umzugehen. Studien mit sterbenden Patienten zeigen, dass viele Sterbende Sterbephasen überspringen oder sie in umgekehrter Reihenfolge absolvieren. Manche Menschen akzeptieren ihren Tod zunächst, wollen ihn zu einem späteren Zeitpunkt jedoch nicht mehr wahrhaben. Des Weiteren sind die Grenzen zwischen den einzelnen Phasen oft verschwommen und es gibt wenig Nachweise für plötzliche Sprünge von einer Phase in die nächste.

Manche Schriftsteller haben auch versucht, die Kübler-Ross-Phasen auf die Trauer zu übertragen, die wir erfahren, wenn eine geliebte Person, zum Beispiel der Ehepartner oder ein Kind, verstorben ist. Aber auch hier bestätigt die Forschung die Thesen für diese Art von Trauer nicht, da trauernde Menschen nicht dieselbe festgelegte Reihenfolge der Phasen durchleben. Zum einen erleben nicht alle Betroffenen eine Depression oder ausgeprägtes Unwohlsein infolge des Verlustes einer geliebten Person, diejenigen mit eingeschlossen, an denen ihnen besonders viel liegt. Genauso wenig ist eine fehlende Depression infolge des Todes einer nahestehenden Person ein Anzeichen für eine schlechte psychische Anpassung. Vielmehr war das Ergebnis einer Studie an 233 Menschen in Connecticut, die kürzlich ihren Ehepartner verloren hatten, dass die vorherrschende Reaktion Akzeptanz und nicht Ablehnung war. Die Akzeptanz stieg bei der durchschnittlichen Witwe bzw. dem durchschnittlichen Witwer innerhalb der ersten zwei Jahre nach dem Verlust.

Dennoch mögen andere Menschen den Verlust einer nahestehenden Person nie verwinden. In einer Studie, in der Menschen untersucht wurden, die ihren Ehepartner oder ein Kind durch einen Autounfall verloren hatten, fanden Darrin Lehman und seine Kollegen heraus, dass eine hohe Prozentzahl der Betroffenen (irgendwo zwischen 30 und 85% abhängig von der gestellten Frage) nach zwischen vier und sieben Jahren immer noch mit dem Verlust haderten. Viele sagten, es sei ihnen noch immer nicht möglich, einen Sinn in dem Unglück zu erkennen.

Geht von dem Glauben an die Kübler-Ross-Phasen eine Gefahr aus? Wir wissen es nicht. Es ist möglich, dass sich trauernde oder sterbende Personen unter Druck gesetzt fühlen, bei der Auseinandersetzung mit dem

Tod die fünf Phasen der Kübler-Ross-Theorie zu durchlaufen. Lehman und seine Mitarbeiter stellten fest, dass manche Hinterbliebenen es nicht schaffen, den unrealistischen Erwartungen zu entsprechen, andere könnten vermitteln, dass sie schlecht mit der Situation fertig werden oder dass dies ein Anzeichen für eine ernsthafte psychische Störung ist. Zum Beispiel hat einer der Autoren dieses Buches mit einer sterbenden Frau gearbeitet, die sich schuldig und verärgert fühlte, weil ihre Freunde ihr sagten, sie müsse den Tod akzeptieren, obwohl sie selbst verzweifelt versuchte, weiterhin Freude am Leben zu haben. Ob noch mehr Patienten dieselben negativen Auswirkungen des Glaubens an die Kübler-Ross-Phasen erfahren, ist ein Thema, das für die zukünftige Forschung sicher sehr interessant ist.

Sterben, so scheint es, ist nicht für alle gleich. Es gibt kein einheitliches Rezept für das Sterben oder das Trauern, genauso wenig wie es dies für das Leben gibt – ein Punkt, den selbst Elisabeth Kübler-Ross in ihrem letzten Buch eingesehen hat: „Unsere Trauer ist ebenso individuell wie unser Leben“. Hingegen ist es ziemlich sicher, dass der Tod etwas ist, über das wir lieber so lange nicht nachdenken, wie wir dies nicht müssen. Wie Woody Allen (1976) sagte: „Ich habe keine Angst vor dem Sterben. Ich will nur nicht dabei sein, wenn es passiert.“

3 Auf der Suche nach der verlorenen Zeit

Irrtümer über das Gedächtnis

Irrtum 9 Das menschliche Gedächtnis funktioniert wie ein Kassettenrekorder oder eine Videokamera und hält erlebte Erfahrungen detailgetreu fest

Wenn Menschen zu Klassentreffen gehen oder sich mit Jugendfreunden über „alte Zeiten" unterhalten, beeindruckt sie immer wieder eine einfache Tatsache: Ihre Erinnerungen an viele Erlebnisse unterscheiden sich oft drastisch. Der eine erinnert sich an eine lebhafte Diskussion über Politik als eine versöhnliche Unterhaltung, ein anderer als ein hitziges Streitgespräch. Schon diese Beobachtung sollte ausreichen, um die weitverbreitete Ansicht zu widerlegen, unser Gedächtnis würde wie eine Videokamera oder eine DVD funktionieren. Wären unsere Erinnerungen perfekt, dann würden wir nie den Geburtstag eines Freundes vergessen, den Ort, an dem wir unseren iPod gelassen haben, oder das exakte Datum, die Zeit und den Ort unseren ersten Kusses.

Doch trotz der manchmal allzu offensichtlichen Mängel unseres Gedächtnisses glaubt die Mehrheit laut Umfragen noch immer, unser Gedächtnis funktioniere wie Kassettenrekorder, Videokameras oder DVDs und dass es unsere Erlebnisse genauso speichert und wiedergibt, wie wir sie erlebt haben. Tatsächlich glauben 36% von uns, dass unsere Gehirne perfekte Aufzeichnungen aller Erlebnisse vorhalten, die wir je erlebt haben. In einer Umfrage mit mehr als 600 Bachelor-Studenten an der Midwestern University stimmten 27% der Behauptung zu, unser Gedächtnis funktioniere wie ein Kassettenrekorder. Umfragen zeigen sogar, dass die meisten Psychotherapeuten der Meinung sind, dass Erinnerungen mehr oder weniger fest und permanent in unserem Bewusstsein verankert sind.

Diese weit verbreiteten Vorstellungen sind in Teilen die Überreste der Überzeugungen von Sigmund Freud und anderen Psychologen, dass vergessene, oft traumatische Erinnerungen ungestört in den trüben Tiefen des Unterbewussten schlummern, unberührt vom Fortschreiten der Zeit oder von anderen, konkurrierenden Erinnerungen. Doch ganz im Gegensatz zu diesen Vorstellungen sind unsere Erinnerungen weit mehr als nur die exakten Kopien vergangener Erlebnisse. Die Erkenntnis, dass unser Gedächtnis lückenhaft und oft sogar unzuverlässig ist, ist nicht neu. Um die Wende zum 20. Jahrhunderts bemerkte der große amerikanische Psychologe und Zeitgenosse Freuds William James (1890), dass „falsche Erinnerungen bei den meisten von uns keineswegs seltene Vorkommnisse sind ... wahrscheinlich hegen die meisten Menschen Zweifel bezüglich verschiedener Angelegenheiten, die man ihrer Vergangenheit zuschreibt. Sie mögen sie gesehen haben, sie mögen sie gesagt oder getan haben oder sie haben all jenes vielleicht nur geträumt oder sich vorgestellt" (S. 373).

Es ist wahr, dass wir uns oft an ganz besonders emotionale oder hervorstechende Ereignisse erinnern können, auch „Blitzlichterinnerungen" genannt, da sie beinahe fotografische Eigenschaften aufzuweisen scheinen. Dennoch zeigt die Forschung, dass die Erinnerungen an solche Erlebnisse, sei es die Ermordung von Präsident John F. Kennedy im Jahr 1963, das Auseinanderbrechen der Raumfähre Challenger im Jahr 1986, der Tod von Prinzessin Diana im Jahr 1997 oder die Terroranschläge des 11. September 2001 über die Jahre vergehen und sich verzerren, genauso wie auch die Erinnerungen an weniger dramatische Ereignisse.

Schauen wir uns einmal ein Beispiel einer „Blitzlichterinnerung" aus Ulric Neisser und Nicole Harschs (1992) Studie an, in der die Erinnerungen an die Challenger-Katastrophe untersucht wurden. Die Versuchsperson, ein Student der Emory University in Atlanta, Georgia, beschrieb das Ereignis nur 24 Stunden nach der Katastrophe und 2 ½ Jahre später in einem zweiten Bericht:

Beschreibung 1. Ich saß in einer Theologie-Vorlesung und einige Leute kamen herein und begannen, darüber zu sprechen. Ich wusste nichts über die Einzelheiten, außer, dass die Raumfähre explodiert war und dass die Schüler der Lehrerin, die an Bord gewesen war, zugesehen hatten, was ich sehr traurig fand. Dann, nach der Vorlesung, ging ich in mein Zimmer und sah mir eine Fernsehsendung über die Katastrophe an und erfuhr all die Details über die Katastrophe.

Beschreibung 2. Als ich das erste Mal von der Katastrophe hörte, saß ich in meinem Zimmer im Erstsemester-Wohnheim mit meinem Mitbewohner und wir sahen Fernsehen. Die Nachricht kam als Sondermeldung und wir waren beide völlig schockiert. Ich war wirklich tief betroffen und ging in das Stockwerk über mir, um mit einem Freund zu sprechen, und rief dann meine Eltern an.

Wenn wir die ursprüngliche Erinnerung mit der späteren Variante vergleichen, wird klar, dass es erhebliche Unterschiede gibt. Neisser und Harsch fanden heraus, dass bei etwa einem Drittel der Studentenberichte ähnlich beträchtliche Unterschiede zwischen den beiden Zeitpunkten auftraten.

Heike Schmolck und ihre Kollegen verglichen die Fähigkeit der Teilnehmer, sich an den Freispruch des ehemaligen Footballstars O. J. Simpson im Jahr 1995 zu erinnern, den man des Mordes an seiner Frau und einem ihrer Freunde angeklagt hatte. Man prüfte die Erinnerung 3 Tage nach der Entscheidung sowie nach 15 und nach 32 Monaten. Nach 32 Monaten enthielten 40% der Gedächtnisprotokolle „erhebliche Verzerrungen". Dennoch waren sich die Probanden in jener wie auch in anderen Studien zu „Blitzlichterinnerungen" für gewöhnlich sehr sicher, dass ihre Erinnerungen akkurat seien, trotz der Tatsache, dass diese Erinnerungen nicht mehr mit ihrer ersten Erinnerung übereinstimmten, die sie den Wissenschaftlern unmittelbar nach dem Ereignis berichtet hatten.

Mitunter identifizieren Augenzeugen auch Unschuldige fälschlicherweise als Kriminelle, eine Fehleinschätzung, die sie dann im Gerichtssaal mit größter Überzeugung zu Protokoll geben. Entgegen der allgemeinen Auffassung verdächtigen sogar diejenigen Augenzeugen, die einen Täter während des Verbrechens genau beobachten konnten, vor Gericht oder bei einer Gegenüberstellung häufig die falsche Person.

Dabei besteht zwischen dem Ausmaß des Vertrauens auf das eigene Gedächtnis und der Präzision der Erinnerung in der Regel nur eine schwache oder sogar überhaupt keine Verbindung. Diese Erkenntnis ist beunruhigend, denn eine Jury bemisst dem Selbstvertrauen eines Augenzeugen erhebliches Gewicht zu, wenn sie die Glaubwürdigkeit seiner Erinnerung einschätzt. In einer jüngst veröffentlichten Studie gaben 34% von 160 amerikanischen Richtern an, sie glaubten an eine enge Verbindung zwischen dem Vertrauen eines Augenzeugen auf die eigene Aussage und ihrer Genauigkeit. Es ist bestürzend, dass von 239 Angeklagten, die später auf der Grundlage von DNA-Tests freigelassen wurden, bis zum Juni 2009 75 % auf der Grundlage falscher Augenzeugenaussagen verurteilt worden waren.

Es kann sogar schwierig sein, den Ursprung einer Erinnerung zu ermitteln. Etwa ein Viertel aller College-Studenten empfindet es als schwierig zu unterscheiden, ob etwas, an das sie sich ausdrücklich erinnern, tatsächlich geschehen ist oder ob es Teil eines Traums war. Solch eine Verwechslung der Erinnerungsquelle ist möglicherweise die Ursache für viele unserer alltäglichen Erinnerungsfehler, beispielsweise wenn wir einen Freund einer Beleidigung bezichtigen, obwohl wir diese von jemand anderen gehört haben.

Heute stimmt die Mehrheit der Psychologen darin überein, dass unser Gedächtnis nicht „reproduziert"– es kopiert nicht einfach unsere Wahrnehmung eines Ereignisses –, sondern „rekonstruiert". Das, an was wir uns erinnern, ist oft eine unscharfe Mischung aus korrekten Erinnerungen, vermischt mit unseren Überzeugungen, Bedürfnissen, Gefühlen und Vermutungen. Diese Vermutungen wiederum beruhen im Gegenzug auf unserem Wissen über uns selbst, den Ereignissen, an die wir uns erinnern möchten, und unseren Erlebnissen in ähnlichen Situationen.

Belege für das „rekonstruktive" Wesen unseres Gedächtnisses finden sich in verschiedenen Forschungsgebieten. Psychologen wissen heute, dass die Erinnerung „schematisch" ist. Ein Schema ist eine organisierte Wissensstruktur oder ein gedankliches Modell, welches im Gedächtnis abgespeichert ist. Wir erwerben Schemata durch Erlebtes und Erlerntes. Sie formen unsere Wahrnehmungen hinsichtlich alter und neuer Erfahrungen. Wir alle verfügen über Schemata üblicher Abläufe, beispielsweise eines Abendessens im Restaurant. Würde uns der Kellner den Nachtisch vor der Vorspeise anbieten, empfänden wir das sicherlich als sehr ungewöhnlich, da dies nicht in unser übliches Restaurant-Ablaufschema oder „Skript" passen würde.

Am Beispiel von Stereotypen kann man wunderbar sehen, wie Schemata unsere Erinnerung beeinflussen. Mark Snyder und Seymor Uranowitz (1978) gaben ihren Probanden eine umfassende Fallstudie über eine Frau namens Betty K. Nachdem sie die Informationen gelesen hatten, erzählten sie den Versuchsteilnehmern entweder, dass Betty K. derzeit einen heterosexuellen oder einen lesbischen Lebensstil leben würde. Snyder und Uranowitz führten dann mit ihren Versuchspersonen einen Wiedererkennungstest mit Material aus dem Dossier durch. Sie fanden heraus, dass sich die Erinnerungen der Versuchsteilnehmer verzerrt hatten, beispielsweise hinsichtlich ihrer partnerschaftlichen Vorlieben oder ihrer Beziehung zu ihrem Vater. Die Erinnerungen passten sich an ihr bestehendes Schema an, welches sich an ihrem Wissen zu ihrer derzeitigen sexuellen Orientierung orientierte. Wir rekonstruieren die Vergangenheit so, dass sie in das Schema unserer Erwartungen passt.

Henry Roediger und Kathleen McDermott (1995) demonstrierten auf höchst elegante Weise die Tendenz, wie wir unsere Erinnerungen an Schemata anpassen. Sie gaben Studienteilnehmern Wortlisten. Die dort enthaltenen Wörter waren alle mit einem „Lockwort“ verbunden, welches in der Liste nicht enthalten war. Beispielsweise enthielt eine der Listen die Wörter Faden, Reißzwecke, Nadelöhr, Nähen, scharf, spitz, stachelig, Fingerhut, Heuhaufen, Schmerz, Leiden und Injektion, alles Wörter, die im Gedächtnis mit dem Wort *Nadel* verbunden sind. Roediger und McDermott fanden heraus, dass sich die Versuchspersonen in mehr als der Hälfte aller Fälle (55%) an das „Lockwort“ erinnerten – in diesem Fall *Nadel* –, als hätte es auf der Liste gestanden, auch wenn dies nicht der Fall war. In vielen Fällen waren sich die Versuchsteilnehmer sicher, dass die bewerteten – nicht enthaltenen – Wörter auf der Liste gewesen waren. Das bedeutet, dass falsche Erinnerungen, die durch diese Prozedur erzeugt wurden, Probanden genauso „echt“ erscheinen können wie die Erinnerung an tatsächlich vorhandene Wörter. Aus diesem Grund nannten Roediger und McDermott diese falschen Erinnerungen „Erinnerungsillusionen“.

Wissenschaftlern ist es sogar in noch größerem Umfang gelungen, falsche Erinnerungen an vermeintlich wirklich erlebte Ereignisse einzupflanzen. In der „Einkaufszentrum-Studie“ implantierte Elizabeth Loftus ihrem Probanden Chris, einem vierzehnjährigen Jungen, eine falsche Erinnerung. Loftus wies Chris’ älteren Bruder Jim dazu an, dass er Chris eine erfundene Geschichte erzählen sollte. Unter der Prämisse „Weißt du noch, früher“ sollte er Chris erzählen, er sei im Alter von fünf Jahren einmal in einem Einkaufszentrum verloren gegangen. Um die Glaubwürdigkeit der Geschichte zu erhöhen, verband Loftus das erfundene Erlebnis mit drei weiteren Erlebnissen, die aber alle tatsächlich stattgefunden hatten. Als Nächstes wies sie Chris an, alles, woran er sich erinnerte, niederzuschreiben. Zunächst berichtete Chris sehr wenig über das falsche Erlebnis. Doch im Verlauf zweier Wochen konstruierte er die folgende Erinnerung:

„Einen Moment war ich noch bei meiner Familie und ich glaube, ich ging rüber, um mir den ‚Kay-Bee'-Spielzeugladen anzusehen, … wir verliefen uns und ich sah mich um und dachte: ‚Oje, jetzt steck ich in Schwierigkeiten.' Und ich dachte, ich würde meine Familie nie wieder sehen. Ich hatte wirklich Angst, wissen Sie? Und dann kam dieser alte Mann … auf mich zu … er war schon recht kahl … er hatte so eine Art Kranz grauer Haare auf dem Kopf … und er trug eine Brille … und dann erinnere ich mich, dass ich weinte, und meine Mutter kam und sagte: ‚Wo warst du? Mach das nie wieder!'" Als Loftus Chris' Mutter zu dem Ereignis befragte, bestätigte sie, dass es nie stattgefunden hatte.

Eine wahre Flut ähnlicher Studien folgte. Sie zeigten, dass es den Forschern in 18–37 % aller Fälle gelang, bei den Probanden völlig frei erfundene Erinnerungen zu implantieren. Diese reichten von: (a) gefährlichen Tierangriffen, Unfällen im Haushalt und außerhalb des Hauses sowie medizinischen Eingriffen über (b) dem Umwerfen der Punsch-Schale bei einer Hochzeit und (c) der Erinnerung, dass man als Kind seinen Finger in einer Mausefalle gehabt habe über (d), dass man als Kind schikaniert worden sei, bis zu der Erinnerung, man sei (e) Augenzeuge einer dämonischen Besessenheit geworden oder (f) mit seiner Familie einmal in einem Heißluftballon geflogen.

Diese Studien widerlegen die weit verbreitete Annahme, dass unsere Erinnerungen unauslöschlich in einer Art permanenten mentalen Aufzeichnung festgeschrieben sind. Statt der Analogie eines Kassettenrekorders oder einer DVD lässt sich unser Gehirn eher als ein sich ständig veränderndes Medium beschreiben. Das unterstreicht unsere bemerkenswerte Fähigkeit, einen lückenlosen Bericht aus vergangenen und gegenwärtigen Erlebnissen zu konstruieren.

Wie schon der große amerikanische Humorist Mark Twain bemerkte: „Die Zahl der Dinge, an die ich mich erinnern kann, ist nicht so bemerkenswert wie die Zahl der Dinge, bei denen ich mich erinnere, dass sie nicht so gewesen sind" (http://www.twainquotes.com/Memory.html).

Irrtum 10 Hypnose ist hilfreich bei der Erinnerung an vergessene Erlebnisse

1990 verurteilte man George Franklin wegen eines 1969 begangenen Mordes an Susan Nason. Verurteilt wurde er aufgrund der Erinnerung seiner Tochter Eileen, er habe Susan, ihre Jugendfreundin, vor 20 Jahren brutal ermordet. 1996 sprach man ihn frei und entließ Franklin aus dem Gefängnis. Dies war der erste öffentliche Fall von „recovered traumatic memory", was auf Deutsch in etwa „wiederhergestellte traumatische Erinnerung" bedeutet.

Im Jahr 1994 verklagte Steven Cook den angesehenen Chicagoer Kardinal Joseph Bernardin auf 10 Millionen Dollar. In der Klage wurde behauptet, dass Cook 17 Jahre zuvor von Bernardin sexuell belästigt worden war.

2001 wurde Larry Mayes zur 100. Person, die aufgrund eines genetischen Tests aus dem Gefängnis entlassen wurde. Unglücklicherweise hatte er bereits 21 Jahre wegen Vergewaltigung und Raubüberfall hinter Gittern gesessen, bevor man seine DNA untersuchte. Er wurde für unschuldig erklärt.

Lassen Sie uns einmal die folgenden Fakten genauer betrachten.

- George Franklins Tochter Janice sagte aus, ihre Schwester Eileen habe ihr gegenüber zugegeben, dass die Erinnerung um den angeblichen Mord aus einer Therapie unter dem Einfluss von Hypnose stammte.
- Die Klage gegen Kardinal Bernardin ließ sich nicht länger aufrechterhalten, als eine Untersuchung feststellte, dass Cooks Erinnerung das Ergebnis der Hypnose eines Therapeuten waren, der erst 3 Stunden eines 20 Stunden dauernden Hypnosekurses absolviert hatte. Der Therapeut besaß einen Master-Abschluss einer nicht anerkannten Universität, die von dem New-Age-Guru John-Rodger betrieben wurde, der von sich behauptet, er sei die Verkörperung eines göttlichen Geistwesens (*Time*, 14. März 1994).
- Mayes nahm an zwei Gegenüberstellungen teil und wurde von dem Opfer nicht identifiziert. Doch nachdem man das Opfer hypnotisierte, erkannte es Mayes in einer anderen Gegenüberstellung als den Täter und äußerte sich während der Gerichtsverhandlungen als überzeugt davon, dass Mayes es überfallen habe.

Diese Fälle lassen Zweifel an der weitverbreiteten Vorstellung aufkommen, dass Hypnose den enormen Gedächtnisspeicher anzapfen kann und einen zuverlässigen Zugang zu vergangenen Erlebnissen erlaubt. In jedem Fall gibt es einen triftigen Grund zu der Annahme, dass eine Hypnose falsche Erinnerungen geschaffen hat, an die sich die Betroffenen mit unerschütterlicher Überzeugung klammerten.

Doch der Glaube, dass die Hypnose eine besondere Gabe besäße, um verlorene Erinnerungen wiederherzustellen, hält sich bis heute. In einer Studie mit 92 Psychologie-Erstsemesterstudierenden stimmten 70% damit überein, dass die „Hypnose extrem hilfreich sei, um Augenzeugen die Erinnerung an die Einzelheiten eines Verbrechen zu erleichtern." In anderen Studien berichteten 90% oder mehr College-Studenten, dass Hypnose die Wiederherstellung von Erinnerungen erleichtere, und 64% behaupteten, dass Hypnose eine „gute Methode für die Polizei zur Verbesserung der Erinnerungsleistung bei Augenzeugen" sei.

Solche Vorstellungen herrschen auch unter Wissenschaftlern und Experten im Bereich der psychischen Gesundheit vor. Elizabeth und Geoffrey Loftus (1980) fanden heraus, dass 84% der Psychologen und 69% der Nicht-Psychologen mit der Behauptung übereinstimmten, dass „Erinnerungen dauerhaft im Gedächtnis gespeichert sind" und dass „unter Hypnose oder unter dem Einfluss anderer spezialisierter Techniken diese unzugänglichen Details sich letztendlich wiederherstellen ließen".

In einer Studie mit mehr als 850 Psychotherapeuten fand Michael Yapko (1994) heraus, dass ein Großteil die folgenden Aussagen überdurchschnittlich häufig befürwortete: (1) 75%: „Hypnose erlaubt es den Menschen, sich präzise an Dinge zu erinnern, derer sie sich sonst nicht entsinnen würden." (2) 47%: „Die Einzelheiten eines traumatischen Ereignisses, die unter Hypnose berichtet werden, sind für einen Therapeuten vertrauenswürdiger als andere Aussagen." (3) 31%: „Wenn jemand sich unter Hypnose an ein Trauma erinnert, muss es auch – objektiv betrachtet – so geschehen sein." (4) 54%: „Hypnose kann dazu verwendet werden, Erinnerungen tatsächlicher Ereignisse bis zur Geburt zurück wiederherzustellen." In anderen Umfragen berichtete zwischen einem Drittel (29% und 34%) und einem Fünftel (20%) der Psychotherapeuten, dass sie Hypnose einsetzen würden, um ihren Patienten bei der Erinnerung an vermuteten sexuellen Missbrauch zu helfen.

Der Glaube an die das Gedächtnis verstärkenden Kräfte der Hypnose blickt auf eine lange und schillernde Geschichte zurück. Einige der frühen Koryphäen auf dem Gebiet der Psychologie und Psychiatrie priesen die

Hypnose an, darunter Pierre Janet, Joseph Breuer und Sigmund Freud. Janet war einer der ersten Therapeuten, die die Hypnose anwandten, um Patienten bei der Erinnerung an traumatische Ereignisse zu helfen, die, wie er glaubte, deren psychische Probleme verursachten. In einem berühmten Fall setzte Janet (1889) die Hypnose ein, um seine Patientin Marie in ihre Kindheit zurückzuversetzen, in der sie durch den Anblick eines Kindes mit einem entstellten Gesicht traumatisiert worden war. Indem sie bewusst die Erinnerung an das Gesicht des Kindes wiedererlebte, wurde Marie angeblich von der Blindheit geheilt.

Der Glaube, dass die Hypnose Patienten beim Exhumieren vergrabener Erinnerungen helfen könne, war auch der Kerngedanke in der sogenannten „Hypnoanalyse". Viele Ärzte wandten sie in den Jahren nach dem Ersten Weltkrieg an, um Soldaten und Veteranen bei der Erinnerung an Ereignisse zu helfen, die angeblich ihre psychischen Störungen ausgelöst hatten. Einige Therapeuten glaubten, dass die Chancen für eine völlige Genesung verbessert wurden, indem man die Emotionen, die man mit den erinnerten Ereignissen verband, völlig aus sich herausbrechen ließ. Die Schuldgefühle und die Angst, die beim sogenannten Abreagieren – einem gewaltigen Ablass von schmerzhaften Gefühlen – zu Tage traten, verarbeitete man in späteren Hypnosesitzungen.

Das Vertrauen in die Kräfte der Hypnose erstreckt sich bis in das öffentliche Bewusstsein. Hier wird man geradezu erschlagen von Vorstellungen, welche die Hypnose als eine Art Turbobeschleuniger für das Gedächtnis verstehen, ähnlich wie ein magisches Wahrheitsserum. In Filmen wie *Derek Flint – Hart wie Feuerstein*, *... denn zum Küssen sind sie da* oder *Dead on Sight* erinnern sich Zeugen an die exakten Details von Verbrechen oder längst vergessenen Kindheitserlebnissen unter Zuhilfenahme von Hypnose.

Einige heutige Wissenschaftler und Mediziner behaupten, dass Hypnose wertvolle Bruchstücke längst vergessenen Wissens wieder ans Tageslicht bringen kann. Dessen ungeachtet hat sich die allgemeine Expertenmeinung heute so weit gewandelt, dass forensische Psychologen zugeben, dass Hypnose entweder keinen Effekt auf die Erinnerung hat oder dass sie die Fähigkeit sich zu erinnern stört oder beeinträchtigt. In Fällen, in denen Hypnose die präzisen Erinnerungen hervorbringt – oft, da die Patienten raten und von Erinnerungen erzählen, bei denen sie sich nicht sicher sind –, wird dieser Anstieg korrekter Erinnerungen durch eine anwachsende Fehlerquote begleitet oder sogar noch übertroffen.

Was noch schwerer wiegt, ist die Tatsache, dass die Hypnose sogar noch mehr Fehler oder falsche Erinnerungen verursachen kann als im Falle eines normalen Erinnerns. Sie verstärkt auch das Selbstvertrauen der Augenzeugen in ihre eigenen Angaben, ganz gleich, ob ihre Erinnerungen richtig oder falsch sind (man nennt dies „memory hardening" oder „Erinnerungsfestigung"). Wenn man davon ausgeht, dass alles, an das man sich während einer Hypnosesitzung erinnert, bis ins letzte Detail korrekt ist, ist es unwahrscheinlich, dass man den Wahrheitsgehalt dessen, was man berichtet, genau überprüft. In der Tat stellen die meisten Forscher fest, dass die Hypnose zu einem gewissen Grad ein völlig unbegründetes Selbstvertrauen zugunsten der eigenen Erinnerung fördert. Obwohl leichtgläubige Menschen am leichtesten durch Hypnose beeinflussbar sind, lässt sich auch die Erinnerungsfähigkeit bei weniger Leichtgläubigen beeinträchtigen. Die Sorge, dass Augenzeugen, die man hypnotisiert hat, Probleme bei der Unterscheidung zwischen Fakt und Fiktion haben, hat dazu geführt, dass die meisten US-Staaten die Aussagen hypnotisierter Zeugen vor Gericht nicht mehr zulassen.

Doch schlägt sich die Hypnose besser, wenn es um die Erinnerung an früheste Kindheitserfahrungen geht? Eine Fernsehdokumentation zeigte eine Gruppentherapiesitzung, in der eine Frau unter Hypnose schrittweise durch ihre Kindheit in den Mutterleib zurückgeführt wurde. Am Ende war sie im Eileiter ihrer Mutter gefangen. Tatsächlich zeigte die Frau alle Anzeichen emotionalen und physischen Unbehagens, die man in einer solch unbequemen Lage möglicherweise erfährt. Doch auch wenn die Frau möglicherweise selbst an die Authentizität ihrer Erfahrung glaubte, können wir sicher sein, dass diese nicht auf einer Erinnerung beruht hat. Stattdessen verhalten sich Patienten, die man mittels Hypnose in ihre Kindheit zurückversetzt, ihrem Wissen, ihren Vorstellungen und ihren Annahmen über dieses Lebensalter entsprechend.

Wie Michael Nash (1987) zeigen konnte, weisen in ihre Kindheit zurückversetzte Hypnosepatienten nicht die zu erwartenden Kennzeichen früher Entwicklung auf, beispielsweise Vokabular, kognitive Fähigkeiten und Gehirnwellen (EEG). Egal wie überzeugend sie wirken mögen, „Rückversetzungsexperimente" erlauben keinen direkten Zugang zu den Erfahrungen, Verhaltensweisen oder Gefühlen der Kindheit.

Einige Therapeuten gehen sogar noch weiter und behaupten, dass die Ursachen gegenwärtiger Probleme in früheren Leben zu suchen seien und dass man sie entsprechend – unter Zuhilfenahme von Hypnose – durch die Zurückversetzung in frühere Leben behandeln müsse. So veröffentlichte Brian Weiss (1988), der 2008 auch in der *Oprah Winfrey Show* auftrat, eine weithin bekannte Serie von Fällen, in denen Patienten mittels Hypnose an den Ursprung ihrer Probleme zurückversetzt wurden. Dabei berichteten sie von Erfahrungen, die Weiss als die Erlebnisse früherer Existenzen interpretierte, die oft viele Jahrhunderte zurücklagen.

Obgleich Erfahrungen während dieser Art von Hypnosebehandlung sowohl für den Patienten als auch für den Therapeuten sehr überzeugend erscheinen können, sind diese Berichte vergangener Leben die Produkte von Fantasie und Vorstellungskraft, versetzt mit historischem Wissen über frühere Jahrhunderte. Überprüft man die Aussagen der Patienten über frühere Jahrhunderte und über ihre angeblichen früheren Leben, so sind ihre Angaben bezüglich der Frage, ob Krieg oder Frieden herrschte oder nach den jeweiligen Bildern auf den Münzen dieser Zeit selten korrekt. Ein Teilnehmer einer Studie, der in die Antike zurückversetzt wurde, behauptete, Julius Caesar zu sein, also der Kaiser von Rom im Jahr 50 v. Chr., obgleich man in jener Zeit die Begriffe „vor Christus" und „nach Christus" noch gar nicht kannte und ungeachtet der Tatsache, dass Augustus, der erste römische Kaiser, erst Jahrzehnte später an die Macht kam. Sind die Informationen bezüglich eines „vergangenen Lebens" einmal korrekt, so lassen sie sich leicht durch geschicktes Raten vor dem Hintergrund vorhandenen historischen Wissens erklären.

Trotz allem sind dennoch nicht alle Anwendungsformen von Hypnose aus wissenschaftlicher Sicht problematisch. Es gibt Hinweise aus kontrollierten Studien, dass Hypnose in der Schmerztherapie und in der Suchtbehandlung (z. B. rauchen) sowie in der Verhaltenstherapie bei Angststörungen, Adipositas und anderen Erkrankungen von Nutzen ist. Doch noch immer ist das Ausmaß, in welchem die Hypnose – über reine Entspannung hinaus – bei der Behandlung dieser Krankheitsbilder zuträglich ist, unklar.

Letztendlich besteht kein Zweifel, dass die Hypnose die Erschaffung falscher Erinnerung bei manchen Menschen begünstigt. So verlockend es sein mag, einen Hypnotiseur zu beauftragen, um den verlorenen Lieblingsring wiederzufinden: Wir empfehlen, dass Sie lieber einfach gründlich weitersuchen.

Irrtum 11 Die Erinnerung an traumatische Erlebnisse wird in der Regel unterdrückt

Vor einiger Zeit konsultierte eine 28-jährige Geschäftsfrau einen der Autoren dieses Buches (Steven Jay Lynn), um eine Klage wegen Vergewaltigung gegen drei Kollegen prüfen zu lassen. Sie berichtete von dem Ereignis wie folgt:

Vor zwei Jahren befand ich mich auf einer Geschäftsreise in China. Eines Abends, nachdem ich in einem Nachtclub in Shanghai tanzen gewesen war, schlief ich tief ein. Ich erwachte drei Stunden später und dachte, ich hätte einen sehr erotischen, sexualisierten Traum. Immer stärker fühlte ich eine Präsenz, ganz real, auf mir in meinem Bett.

Ich fragte mich, was während dieser Nacht geschehen war, denn ich konnte mich am nächsten Morgen an nichts mehr erinnern. Ich vermutete, ich würde die Erinnerung an etwas ganz Schreckliches verdrängen. Nach der zweiten Hypnosesitzung, in der ich versuchte, mir das Geschehene wieder ins Gedächtnis zu rufen, erinnerte ich mich, dass einer meiner Kollegen aus der Firma mich vergewaltigt hatte. Ich stand in unmittelbarer Konkurrenz mit ihm wegen einer Beförderung. Ich glaube, er beging die Tat, weil er dachte: „Was glaubt diese Frau, wer sie ist? Das wird ihr eine Lehre sein."

Wie wahrscheinlich ist es, dass sie die Erinnerung an eine traumatische Vergewaltigung verdrängt hat? Wir finden es gleich heraus. Doch zunächst möchten wir darauf hinweisen, dass ihre Vermutung unmittelbar mit der kontrovers diskutierten Frage zu tun hat, ob Menschen schreckliche Erinnerungen in die entferntesten Winkel ihres Bewusstseins verdrängen können, von wo aus sie möglicherweise später in einer Therapie wieder ans Tageslicht zurückgebracht werden können. Psychologen und Psychiater nennen diese Unfähigkeit, sich an traumatische Ereignisse zu erinnern, „dissoziative Amnesie".

Schon seit den goldenen Tagen der Freud'schen Psychoanalyse tobt der Streit um die Frage, ob die Menschen traumatische Erinnerungen aus ihrem Bewusstsein verbannen können. Es gibt kaum Debatten um die Erkenntnis, dass Erinnerungen, an die Menschen permanent denken, mit großer Wahrscheinlichkeit richtig sind, ebenso wenig dass man sich an Dinge plötzlich erinnern kann, auch wenn man jahrelang nicht an sie gedacht hat. Uneinigkeit herrscht vielmehr bei der Frage, ob es einen besonderen Mechanismus gibt, der für das Verdrängen traumatischer Erfahrungen verantwortlich ist. Unterdrückt man Erinnerungen, um eine Art Puffer gegen die Nachwirkungen eines traumatischen Ereignisses zu schaffen oder sind verdrängte Erinnerungen stattdessen – wie der Psychologe Richard McNally anmerkte – „ein Stück psychiatrisches Ammenmärchen ohne jeden statistischen Beweis"?

Anhand der Art und Weise, wie die Massenmedien damit umgehen, würde man nie darauf kommen, dass das Phänomen der unterdrückten Erinnerungen in der Wissenschaft so extrem umstritten ist. In Filmen wie *Butterfly Effect* (2004), *Unter die Haut* (2004), *Batmans Rückkehr* (1995), *Repressions* (2007) oder Fernsehserien wie *Blut aus der Vergangenheit* (1993) erscheint das Unterdrücken von Erinnerungen geradezu alltäglich, betreffen sie nun Kindesmissbrauch, einen Mordanschlag auf die eigenen Eltern oder einen Mord, den man selbst in einem früheren Leben begangen hat. Viele Selbsthilfebücher stellen das Verdrängen von Erinnerungen als natürliche, wenn nicht sogar typische Reaktion auf traumatische Erlebnisse dar. Beispielsweise schrieb Julia Blume (1990), „die Hälfte aller Inzestbetroffenen erinnern sich nicht an den Missbrauch" (S. 81), und Renee Frederickson (1992) behauptete, dass „Millionen Menschen schreckliche Ereignisse, ja ganze Lebensjahre oder ihre gesamte Kindheit verdrängen" (S. 15).

Es überrascht also nicht, wenn viele Laien solchen Behauptungen Glauben schenken. Einer Umfrage von Jonathan Golding und seinen Kollegen zufolge gab die Mehrheit von 613 Bachelorstudenten an, sie glaubten an unterdrückte Erinnerungen. Auf einer Skala zwischen 1 und 10 stuften Männer ihre Wahrscheinlichkeit mit 5,8 und Frauen mit 6,5 Punkten ein. 89% behaupteten, sie seien mit unterdrückten Erinnerungen entweder unmittelbar in ihrem eigenen Leben oder durch Medienberichte in Berührung gekommen. Die meisten waren der Meinung, man solle verdrängte Erinnerungen als Beweismittel vor Gericht zulassen.

Man kann die allgemeine Idee von unterdrückten Erinnerungen auf Sigmund Freuds Vorstellung zurückführen, dass zwanghafte Neurosen und Hysterie auf verdrängte Erinnerungen an sexuelle Belästigung in der Kindheit zurückzuführen seien. Freud hielt unterdrückte Erinnerungen für Anzeichen eines absichtlichen, dennoch nicht bewussten Vergessens unangenehmer Erinnerungen oder Impulse. Heute besteht die Vorstellung, dass man unterdrückte Erinnerungen ans Tageslicht bringen müsse, im Zentrum einiger Formen der Psychoanalyse und der sogenannten Erinnerungswiederherstellungstherapie („memory recovery therapy"). Diese Therapien beruhen auf der Vorstellung, dass ein Patient nicht auf die Wurzel seiner psychischen Probleme stoßen könne, wenn er nicht die unterdrückten Erinnerungen seiner Kindheitstraumata hervorholt, darunter oft die Erinnerung an sexuellen Missbrauch. Vieles an diesem Denken erinnert an eine Repräsentativitätsheuristik (siehe Einleitung, S. 32): Genauso wie wir einen entzündeten Zahn behandeln oder sogar ziehen lassen müssen, damit er nicht fault, müssen wir verdrängte Erinnerungen an Traumata löschen, um unsere gegenwärtigen Probleme lösen zu können.

In der Tat befassten sich Mitte der 1990er Jahre noch viele Therapeuten damit, unterdrückte Erinnerungen aus den hintersten Winkeln des Gedächtnisses aufzustöbern. In einer Umfrage mit mehr als 860 teilnehmenden Psychotherapeuten fand Michael Yapko (1994) heraus, dass beinahe 60% an die Vorstellung glaubten, Verdrängen sei einer der Hauptgründe für den Vorgang des Vergessens. Etwa 40% glaubten, die Menschen könnten sich nur deshalb an wenige Details aus ihrer Kindheit erinnern, weil sie traumatische Ereignisse verdrängt hätten. Debra Poole und ihre Kollegen befragten 145 lizenzierte US-Psychotherapeuten mit Doktortiteln in zwei Studien und 57 britische Psychotherapeuten in einer anderen Studie. Die Forscher stellten fest, dass mehr als drei Viertel der Therapeuten mindestens eine Methode zur Wiederherstellung von Erinnerungen verwendeten, beispielsweise Hypnose, imaginative Psychotherapie oder wiederholte Suggestivfragen (wie beispielsweise „Sind sie sicher, dass sie nicht missbraucht wurden? Bitte denken Sie weiter darüber nach“), um „Patienten bei der Erinnerung an sexuellen Missbrauch“ zu helfen. Zusätzlich glaubten 25% der Teilnehmer, die mit erwachsenen Frauen eine Therapie durchführten, dass die Wiederherstellung von Erinnerungen ein Kernbestandteil der Behandlung sein sollte. Auch glaubten sie, dass sie Patienten mit unterdrückten oder aus anderen Gründen nicht verfügbaren Erinnerungen schon in der ersten Therapiesitzung erkennen könnten, und benutzten zwei oder mehr Techniken zur Verbesserung der Erinnerungsleistung bei vergangenen Erlebnissen. Ein Jahr später berichteten auch Melissa Polusny und Victoria Follette (1996) ähnliche Ergebnisse nach einer anderen Umfrage unter Therapeuten.

Dass Techniken zur Wiederherstellung von Erinnerung so beliebt sind, beruht mehr auf Anekdoten als auf kontrollierten Experimenten. Tatsächlich gibt es viele Berichte über Menschen, die in Therapien die Erinnerung an Jahrzehnte zurückliegenden sexuellen Missbrauch wiedererlangten. Dennoch riet David Holmes, der 60 Jahre Forschung kritisch untersucht hatte und keinerlei Hinweis auf die Existenz verdrängter Erinnerungen finden konnte, man solle vor jede Anwendung dieses Konzepts die folgende Warnung setzen: „Achtung. Das Phänomen ‚verdrängte Erinnerung' ist durch die experimentelle Forschung nicht nachgewiesen. Eine Verwendung dieses Konzepts kann für eine präzise Analyse klinischen Verhaltens ein großes Risiko darstellen" (S. 97). In jüngerer Zeit stellte Richard McNally fest – nachdem er die vorhandene Forschungsliteratur durchforstet hatte –, dass die wissenschaftliche Grundlage für verdrängte Erinnerungen sehr dünn ist. Er merkte an, dass man in vielen der beschriebenen Fälle nicht untersucht hatte, ob das traumatische Ereignis überhaupt stattgefunden hatte und dass der Gedächtnisverlust in jenen Fällen üblicherweise als normales Vergessen erklärt werden konnte.

Entgegen der Hypothese des Verdrängens zeigt die Forschung, dass die meisten Menschen sich an traumatische Ereignisse wie den Holocaust und Naturkatastrophen gut – in manchen Fällen allzu gut – in Form von aufwühlenden Flashbacks erinnern können. Außerdem wirft die Tatsache, dass einige der angeblich unterdrückten Erinnerungen, die in der Therapie ans Tageslicht kommen, höchst skurrile und unwahrscheinliche Ereignisse beschreiben – beispielsweise weitverbreitete satanische Kulte oder Entführungen durch Außerirdische –, einen Schatten auf die Korrektheit vieler anderer, viel plausiblerer Erinnerungen. Hier besteht das Problem darin, dass Therapeuten oft nicht die richtigen Erinnerungen aus dem Hintergrund der falschen Erinnerungen herausfiltern können.

McNally (2003) bot eine neue Erklärung für die verzögerte Erinnerung an sexuellen Missbrauch als Alternative zum Konzept der verdrängten Erinnerungen an. Wie er betonte, sind Kinder zunächst oft eher verwirrt als entsetzt über sexuelle Avancen durch einen Verwandten, doch Jahre später erinnern sie sich an das Ereignis mit Abscheu, wenn ihnen klar wird, dass es sich bei dem Ereignis um sexuellen Missbrauch gehandelt hat. Die Verzögerung bei der Erinnerung an Ereignisse ist nicht besonders ungewöhnlich, da Menschen manchmal sogar bedeutende Episoden ihres Lebens vergessen können, darunter Unfälle oder Krankenhausaufenthalte, und dies schon gerade einmal ein Jahr nachdem sie stattgefunden haben.

Noch ein weiteres Problem in Studien zu dissoziativer Amnesie ist die Tatsache, dass das Nichterwähnen eines Ereignisses durch einen Patienten nicht automatisch bedeuten muss, dass es vergessen oder verdrängt wurde. Die Arbeit von Gail Goodman und ihren Kollegen ist ein einschlägiger Fall. Sie interviewten wiederholt 175 Versuchspersonen, die erwiesenermaßen in ihrer Kindheit missbraucht worden waren, etwa 13 Jahre nach den Vorfällen. Von jenen, die während der drei Phasen der Studie interviewt wurden, erwähnten 19% den Missbrauch zunächst nicht. Dessen ungeachtet erwähnten in einem späteren Telefoninterview 16% den Vorfall noch immer nicht, und in der dritten Interviewphase (in einem persönlichen Gespräch) ließen nur noch 8% den Vorfall aus. Das Ereignis war eindeutig im Gedächtnis der Versuchspersonen noch vorhanden, trotz der Tatsache, dass es einige zunächst nicht erwähnten. Vielleicht war es die Scham, welche sie zunächst daran hinderte, über das Ereignis zu sprechen, oder sie benötigten mehrere Aufforderungen, um sich an den Vorfall zu erinnern.

Die Tendenz, gewöhnliches oder nicht näher erklärbares Vergessen als Verdrängen von Erinnerungen zu erklären, scheint tief in unserem kulturellen Erbe verwurzelt zu sein. Der Psychiater Harrison Pope und seine Kollegen riefen die Wissenschaftswelt daher zu einer ungewöhnlichen Herausforderung auf. Sie lobten im Internet einen Preis von 1000 US-Dollar für denjenigen aus, der ein echtes Beispiel dissoziativer Amnesie bei einem traumatischen Ereignis für die Zeit vor 1800 nachweisen könne, sei es in der Belletristik oder in Berichten, egal in welcher Sprache. Trotz der Anstrengungen von mehr als 100 Wissenschaftlern konnte keiner eine einzige eindeutige Beschreibung von disoziativer Amnesie finden. Die Autoren nahmen an, dass, wenn die dissoziative Amnesie ein natürlich vorkommendes psychologisches Phänomen sei wie Halluzinationen oder Sinnestäuschungen, dann sollten sich Anzeichen dafür auch bei fiktiven oder nicht fiktiven Personen zeigen. Pope und seine Kollegen schlossen daraus, dass die Vorstellungen von dem Phänomen verdrängter Erinnerungen daher ein relativ junges Produkt unserer Kultur seit dem 19. Jahrhundert seien.

In den letzten zehn Jahren hat der Streit um unterdrückte Erinnerungen in wissenschaftlichen Kreisen ein wenig nachgelassen. Eine Übereinkunft wurde dahingehend erzielt, dass suggestive Methoden wie Hypnose, imaginative Psychotherapie und Suggestivfragen falsche Erinnerungen an traumatische Ereignisse erzeugen können und dass eine verzögerte, jedoch präzise Erinnerung an Ereignisse oft eher aus dem gewöhnlichen Vergessen heraus resultiert als aus dem Prozess eines Verdrängens.

So wie in dem Fall der 28-jährigen Geschäftsfrau, den wir zu Beginn dieses Kapitels beschrieben haben, ist es entscheidend, alternative Erklärungen für versetzte Erinnerungen, beispielsweise durch einen satanischen

Kult missbraucht worden zu sein, zu finden, die ihre Glaubwürdigkeit belasten. Beispielsweise mag das Gefühl einer Präsenz im Bett der Frau auf das eigenartige, doch überraschend weit verbreitete Phänomen der Schlaflähmung zurückgehen, einer Störung im Schlafrhythmus. Bei etwa einem Viertel bis zu einer Hälfte aller College-Studenten ist zumindest einmal eine solche Schlaflähmung aufgetreten. Eine Schlaflähmung ist oft mit Angst verbunden, zusammen mit dem Gefühl einer bedrohlichen Präsenz nahe bei oder sogar auf einer Person. Der oder die Betroffene kann sich dabei nicht bewegen. Das beängstigende Erlebnis einer Schlaflähmung, verbunden mit ihrem Versuch, sich unter der Hypnose an das Vergangene zu erinnern, hat sie möglicherweise davon überzeugt, dass sie vergewaltigt wurde. Als man ihr von dieser möglichen Erklärung erzählte, entschied sie sich gegen einen Gerichtsprozess.

Wir beenden diesen Mythos mit einem Hinweis auf Vorsicht. Nicht alle Erinnerungen, die uns nach Jahren oder sogar Jahrzehnten wieder in den Sinn kommen, sind notwendigerweise falsch. Psychotherapeuten müssen daher sehr vorsichtig dabei sein, wenn sie erst jüngst zu Tage getretenen Erinnerungen an Missbrauch in der Kindheit begegnen. Trotzdem sollten sie nicht annehmen, dass alle neu gefundenen Erinnerungen an Vergangenes notwendigerweise zutreffen müssen, außer wenn sich die Vermutung durch zusätzliche Beweise stützen lässt.

4 Kann Hans lernen, was Hänschen nie gelernt hat?

Irrtümer über Intelligenz und Lernfähigkeit

Irrtum 12 Wenn man sich bei einer Frage in einem Test unsicher ist, hört man am besten auf sein Bauchgefühl

Nur wenige Wörter versetzen einen Studenten in größere Panik als die drei gefürchteten Wörter „Multiple-Choice-Test". Gerade weil vermutlich viele Studenten sich eher auf ein Nagelbett legen würden, als einen Multiple-Choice-Test zu absolvieren, sind sie immer auf der Suche nach neuen Tipps, wie sie ihr Abschneiden in der intellektuellen Lieblingsfolter vieler Professoren verbessern können. Glücklicherweise beruhen einige dieser Strategien auch auf einer wissenschaftlichen Grundlage. Beispielsweise sind bei Multiple-Choice-Tests die langen Antworten ein klein wenig wahrscheinlicher korrekt als andere. Das gilt auch für besonders präzise Antworten. Beispielsweise ist bei der Frage „Wann wurde die US-Verfassung verabschiedet?" die Antwort „1787" präziser als „zwischen 1770 und 1780" oder „alle oberen Antworten stimmen".

Doch der wohl am weitesten verbreitete Tipp ist gleichzeitig auch Legende: Man solle sich an die allererste Antwort halten, die einem in den Sinn kommt, besonders dann, wenn man sich nicht sicher ist, ob sie richtig oder falsch ist. In vielen Umfragen gibt die Mehrheit – zwischen 68 % und 100 % – der befragten Studenten an, eine spätere Korrektur ihrer ursprünglichen Antwort würde ihr Ergebnis nicht verbessern. Etwa drei Viertel geben sogar an, eine Korrektur ihrer Antwort würde ihr Ergebnis verschlechtern. Dieser Mythos – manchmal auch als der „Irrtum des ersten Eindrucks" bezeichnet – ist nicht nur unter Studenten verbreitet. In einer Studie waren die Versuchspersonen Dozenten, die ihren Studenten Ratschläge zum richtigen Vorgehen bei Multiple-Choice-Tests gaben. Hier rieten 63 % von einer Änderung der ersten instinktiven Antwort ab. Dies habe nur ein schlechteres Ergebnis zur Folge. Unter Dozenten aus dem Bereich der Natur- und Geisteswissenschaften gaben nur 5–6 % an, eine Änderung der Antwort resultiere in einem besseren Ergebnis. Bei Pädagogikprofessoren waren es zumindest schon einmal 30%.

Auch zahlreiche Internetseiten, darunter viele, die Studenten mit Tipps zum Lösen von Klausuren versorgen sollen, behaupten, dass eine Änderung der ursprünglichen Antwort eine schlechte Strategie sei und ermutigen den Leser, seinem Bauchgefühl zu vertrauen. Eine Seite empfiehlt Studenten: „Du solltest deine Antworten nicht mehr ändern – gewöhnlich ist deine erste Wahl die richtige, außer, wenn du die Frage falsch verstanden hast" (TestTakingTips.com), und eine andere rät: „Vertraue deinem Bauchgefühl. Wenn du eine Frage beantwortest, hör auf deinen Bauch. Ändere deine Antworten nicht mehr, außer wenn du dir absolut sicher bist, das du die richtige Antwort kennst." (Tomahawk Elementary School). Eine andere geht sogar noch weiter und führt angebliche wissenschaftliche Beweise ins Feld: „Vorsicht vor einem Sinneswandel: Es gibt Beweise aus Studien, die andeuten, dass Studenten ihre Antworten öfter von richtig zu falsch korrigieren als andersherum" (Fetzner Student-Athlete Academic Center).

Doch was steht wirklich in den Studien? Mehr als 3 Millionen Schüler absolvieren in den USA jedes Jahr die Zulassungsprüfungen zu Colleges und Universitäten. Vor diesem Hintergrund erhält die Frage einiges an Gewicht. In Wirklichkeit sind die Ergebnisse wissenschaftlicher Studien sehr eindeutig, wenn es um diese Frage geht. Sie gehen in die genau entgegengesetzte Richtung wie die Ratschläge der Websites. Mehr als 60 Studien ergeben ein ähnliches Bild: Wenn Studenten ihre Antworten während eines Multiple-Choice-Tests veränderten (in der Regel erkennt man dies an Radiergummispuren oder an den durchgestrichenen Auswahlmöglichkeiten), so war die Wahrscheinlichkeit, dass sie eine falsche Antwort in eine richtige korrigierten, größer als umgekehrt. Für jeden Punkt, den Studenten abgezogen bekommen, weil sie eine richtige Antwort mit einer falschen korrigieren, erhalten sie zwischen zwei und drei Punkten mehr, weil sie falsche Antworten mit richtigen Antworten ersetzen. Dazu kommt, dass Studenten, die ihre Antworten häufiger korrigieren, in der Regel auch besser abschneiden als andere Studenten. Dieses Ergebnis korreliert allerdings nur (siehe Einleitung, S. 27), und beruht möglicherweise darauf, dass diejenigen, die ihre Antworten häufiger korrigieren, auch vielleicht schon von vornherein die stärkeren Testteilnehmer sind. Dennoch gelten alle diese Ergebnisse nicht nur für Multiple-Choice-Tests in der Schule oder in Universitätsseminaren, sondern auch für standardisierte Tests wie den SAT (Zulassungstest für Bachelor-Studiengänge an amerikanischen Colleges) und das GRE (Zulassungstest für amerikanische Promotions- und Master-Studiengänge).

Zugegebenermaßen ist die Strategie „Ändere im Zweifelsfall deine Antwort" nur dann von Erfolg gekrönt, wenn zwei Grundvoraussetzungen erfüllt sind. Zunächst zeigt die Forschung, dass Studenten ihre Antworten lieber nicht ändern sollten, wenn sie nur raten. Man sollte sich schon sehr sicher sein, dass die ursprünglich gewählte Antwort auch wirklich falsch ist, bevor man sie ändert. Zweitens gibt es Hinweise darauf, dass Studenten, die in der Regel schlecht in Multiple-Choice-Test abschneiden, auch von einem Ändern ihrer Ergebnisse weniger profitieren als andere. Diese sollten eine Antwort daher nur dann ändern, wenn sie sich äußerst sicher sind, dass ihre ursprüngliche Antwort falsch ist.

Die Frage, wieso Studenten glauben, dass ein Ändern ihrer Antwort von Nachteil sei, ist überraschend wenig erforscht. Drei Erklärungsmöglichkeiten bieten sich hier an: Zunächst gibt die Mehrheit der Dozenten ihren Studenten den Rat – dies wurde bereits erwähnt –, dass sie ihre Antworten nicht mehr ändern sollten. Diese Fehlannahme wird dann teilweise mündlich noch unter den Studenten verbreitet. Zum Zweiten ergibt sich aus Studien, dass Studenten sich anscheinend besser an Fragen erinnern können, in denen sie richtige Antworten falsch korrigiert haben, als umgekehrt. Denn der bittere Nachgeschmack einer Fehlentscheidung hält sich länger im Gedächtnis als die Erinnerung an eine richtige Entscheidung. „Wieso um alles in der Welt habe ich meine Antwort noch verändert? Ich hatte die Aufgabe ja eigentlich richtig gelöst!" – an solche Test- und Klausurerlebnisse können wir uns typischerweise erinnern. Aus diesem Grund kann ein psychologisches Phänomen namens Verfügbarkeitsheuristik dazu führen, dass Studenten das Risiko, einen Fehler durch eine korrigierte Antwort zu ersetzen, überschätzen. Wie wir bereits an früherer Stelle erfahren haben (siehe Einleitung, S. 32), ist eine Heuristik eine Art geistige Abkürzung, eine Faustregel. Wenn wir eine Verfügbarkeitsheuristik anwenden, schätzen wir die Wahrscheinlichkeit eines Ereignisses daran ab, wie einfach es uns einfällt. Tatsächlich zeigt sich auch in der wissenschaftlichen Forschung, dass Studenten, die richtige Antworten in falsche korrigieren, sich daran wesentlich besser erinnern können als im umgekehrten Fall. Dies liegt vermutlich daran, dass die falsche Korrektur eine tiefere emotionale Wirkung hat. Drittens zeigen Studien, dass die meisten Studenten sich hinsichtlich ihrer Erfolgsquote bei Multiple-Choice-Tests überschätzen.

Um es zusammenzufassen: Wenn man sich nicht sicher ist, sollte man sich gewöhnlich *nicht* auf sein Bauchgefühl verlassen. Denn wenn wir einen triftigen Grund zu der Annahme haben, dass wir mit unserer Antwort falsch liegen, dann sollten wir lieber den Radierer aus der Tasche holen und auf unseren Kopf hören – nicht auf unseren Bauch.

Irrtum 13 Schüler lernen am meisten, wenn die Lehrmethoden an ihre Lerntypen angepasst werden

Mit der Titelgeschichte „Eltern von nasal lernenden Schülern fordern geruchsbezogenen Unterricht" veralberten die Autoren der satirischen Zeitung *The Onion* die Idee, dass es für jeden schlechten Schüler die passende Lehrmethode gebe, mit der man sein verborgenes Potential freisetzen könne (http://www.runet.edu/thompson/obias.html). Das Phänomen, dass verschiedene Schüler in einer Klasse mit unterschiedlichen Methoden besser oder schlechter lernen, kennen wir alle. Und so werden Eltern im Artikel von *The Onion* folgendermaßen zitiert: „Mein Kind ist nicht dumm. Es kann aber in einer Schule keinen Erfolg haben, die sich nur am Durchschnittsschüler orientiert, der den Lernstoff durch Hören, Lesen, Sehen, Diskutieren, Zeichnen, Bauen oder Nachspielen aufnehmen kann." Ein Pädagogikforscher wird mit den Worten zitiert: „Nasal lernenden Schülern fällt es oft schwer, sich zu konzentrieren. Ihre Hausaufgaben erledigen sie nur ungern ... Wenn Ihr Kind zu dieser Beschreibung passt, dann möchte ich Ihnen dringend raten, es auf eine nasale Lernbegabung hin testen zu lassen." Dem Artikel zufolge fallen Motivation und intellektuelle Fähigkeiten nicht weiter ins Gewicht, denn alle Schüler sind gleich lernfähig. Nichts zu lernen bedeutet nur, dass die Lehrer nicht die für den Schüler passende Lehrmethode angewendet haben.

Die Geschichte von der „nasalen Lernbegabung" ist natürlich erfunden. Sie ist aber nicht weit von der Realität entfernt. Suchen Sie einmal im Internet nach dem Begriff „Lernstil". Sie stoßen sofort auf eine große Anzahl Internetseiten, die behaupten, Ihren ganz persönlichen Lernstil in wenigen Minuten ermitteln zu können. Eine Seite behauptet: „Lernstile sind ein

Weg, um Ihre Lernqualität zu erhöhen. Wenn Sie ihren eigenen, persönlichen Stil verstehen, dann können Sie Ihre Lernmethoden daran anpassen." Sie führt einen auch zu einem kostenlosen „Lernstiltest", welcher bereits von 400 000 Menschen absolviert wurde. Hier können Sie herausfinden, ob Sie eher visuell lernen, auditiv, im sozialen Kontext oder auf eine andere Art. Diese Internetseiten beruhen auf einer klaren und weithin geglaubten Behauptung: Ein Schüler lernt dann am besten, wenn die Lehrmethode (LM) zu seinem Lernstil (LS) passt.

Es ist verständlich, dass diese Vorstellung so beliebt ist: Anstatt anzudeuten, dass manche Schüler „besser" oder „schlechter" lernen, nimmt man lieber an, dass alle Schüler gut lernen können, vielleicht sogar gleich gut, wenn man sie nur mit der angemessenen Methode unterrichtet. Dazu kommt, dass diese Ansicht auf die Repräsentativheuristik abgestimmt ist (siehe Einleitung, S. 32). Befürworter dieser Hypothese behaupten, dass verbalorientierte Schüler am besten von Lehrern lernen, die ihren Unterricht sprachlich gestalten, visuell orientierte Schüler dagegen eher von Lehrern, die Bilder bevorzugen, und so weiter.

Ronald Hyman und Barbara Rosoff (1984) beschrieben die vier Schritte der Lernstil-Methode: (1) Untersuchung der unterschiedlichen LS, (2) Einordnung der Stile in Kategorien, (3) Zuordnung zu den passenden LM eines Lehrers oder die Bitte, dass die Lehrer ihre Methoden an die LS der Schüler anpassen, und (4) die Unterweisung der Lehrer in den Schritten 1–3, so dass sie die Methode in ihren Fortbildungsseminaren weiter verbreiten können. Die Autoren merkten an, dass für jeden Schritt gewisse Voraussetzungen unverzichtbar seien. Sie beinhalten (a) klare Vorstellungen von LS, (b) eine verlässliche und gültige Methode, um die LS der Schüler einschätzen oder einordnen zu können, (c) das Wissen, wie LS und LM im Zusammenspiel das Lernen der Schüler beeinflussen können, und (d) die Befähigung, andere Lehrer so zu unterrichten, dass auch sie ihre LM an die LS ihrer Schüler anpassen können. Als Hyman und Rosoff ihre Lernstil-Methode 1984 verfassten, glaubten sie nicht, dass die notwendigen Voraussetzungen bereits bestünden. Bald werden wir sehen, ob ihr negatives Urteil auch heute noch Bestand hat.

Die Vorstellung, dass die Einschätzung der LS von Schülern effizient sei, ist zu einer Binsenweisheit der Pädagogik geworden. Man preist sie in einer Vielzahl populärer Bücher an. In einem Artikel mit dem Titel „Entzauberung moderner Mythen über das Lernen von Schülern" („Dispelling outmoded beliefs about student learning") in einer Pädagogikzeitschrift enttarnten die Autoren 15 Mythen über das Lernverhalten von Schülern. Allerdings behaupteten sie dort selbst, dass „Schüler am besten lernen, wenn der Unterricht und der Lernkontext zu ihrem Lernstil passen", und dass dies durch die Forschung gut belegt sei. In vielen Schulamtsbezirken gehören Fragen über die Anpassung von LM und LS noch immer zu den Einstellungsgesprächen junger Lehramtsanwärter. Viele Lehrer teilen diese Ansichten: Die Ergebnisse einer Umfrage unter 109 Lehrern aus den naturwissenschaftlichen Disziplinen ergab, dass die Mehrzahl die Vorstellung von an LS angepassten LM befürwortete. Da überrascht es nicht weiter, dass Lehrer-Seminare, in denen die Anpassung der eigenen Methode an unterschiedliche Lernstile unterrichtet wird, sich ungebrochener Popularität erfreuen. Sie ziehen oft hunderte Lehrer und Schuldirektoren an. In einigen Schulen haben Lehrer ihre Schüler sogar gebeten, spezielle Sweatshirts zu tragen. Darauf gedruckt waren die Buchstaben V, A und K, welche, wie wir gleich herausfinden werden, für drei angeblich weit verbreitete Lernstile stehen: Visuell, Auditiv und Kinästhetisch.

Die weite Verbreitung der Vorstellung von unterschiedlichen Lernstilen wird noch zusätzlich durch die schiere Masse an Veröffentlichungen in der pädagogischen Literatur unterstrichen. Es existieren viele verschiedene Lernstilmodelle. Ihre Vermittlung und Anwendung ist ein überaus profitabler Markt. Im August 2008 fanden sich in der ERIC-Datenbank, die einen guten Überblick über die aktuelle pädagogische Forschung bietet, die kolossale Menge von 1984 wissenschaftlichen Zeitschriftenartikeln, 919 Präsentationen im Rahmen von Konferenzen und 701 Bücher bzw. Buchkapitel über LS. In einem der umfassendsten Literaturüberblicke zum Thema LS zählten Frank Coffield und seine Kollegen nicht weniger als 71 Lernstilmodelle. Das „VAK"-Modell beispielsweise zielt auf visuell, auditiv und kinästhetisch lernende Schüler ab, also diejenigen, die angeblich am besten durch Sehen und Lesen, Hören und Sprechen oder Anfassen und Ausprobieren lernen. Peter Honey und Alan Mumfords Modell (2000) teilt Schüler dagegen in vier Kategorien ein: „Activists" (also Aktive), die sich gerne gezielt neuen Erfahrungen hingeben, „Reflectors", die erst einmal über ihr Handeln reflektieren und nachdenken, „Theorists", die ein Problem logisch durchdringen, und „Pragmatists", die ihre Ideen an die reale Welt anpassen.

Die Lernstil-Bewegung hat sogar Modelle und Skalen für sich eingenommen, die ursprünglich für völlig andere Zwecke entwickelt wurden.

Howard Gardners (1983) einflussreiche Theorie der multiplen Intelligenzen wird oft als LS-Klassifikationssystem verstanden. Einige Lehrer verwenden zur Einstufung der LS ihrer Schüler den Myers-Briggs-Typindikator (Briggs & Myers, 1998), der eigentlich als psychoanalytisch orientierte Persönlichkeitstypologie entwickelt wurde. Honey und Mumfords Lernstil-Fragenkatalog (2000) ist genauso beliebt wie zwei andere Methoden, die beide Learning Styles Inventory, also „Lernstiltypologie" genannt wurden.

Von den 3604 ERIC-Einträgen zum Thema Lernstile sind weniger als ein Viertel von Experten begutachtete wissenschaftliche Fachartikel. Ein ähnliches Bild zeigt sich bei Coffield et al. (2004). Mit seinen Kollegen stellte er eine Datenbank aus tausenden Büchern, Fachartikeln, Abschlussarbeiten, Magazinbeiträgen, Internetseiten, Konferenzunterlagen und unveröffentlichter Literatur zusammen. Nur wenige davon hatte man in referierten Zeitschriften veröffentlicht. Noch geringer war der Anteil an kontrollierten Studien. Anders ausgedrückt: Der Großteil der LS-Literatur bewegt sich außerhalb des Blickfeldes der wissenschaftlichen Öffentlichkeit. Damit entgeht sie einer kritischen Begutachtung durch anerkannte Experten.

Glücklicherweise verfügen wir über die notwendigen Theorien und Studien, um jede der vier von Hyman und Rosoff (1984) formulierten Voraussetzungen (1984) genauer beleuchten zu können. Erstens: Gibt es ein klares Konzept in Sachen Lernstile? Dies lässt sich wohl getrost mit nein beantworten. Unter den beliebtesten Lernstilen, die Coffield et al. (2004) untersucht haben, waren die Unterschiede wesentlich auffälliger als die Gemeinsamkeiten. Das VAK-Modell basiert zum Beispiel auf den vom Lernenden bevorzugten sensorischen Modalitäten (visuell, auditiv oder kinästhetisch), wohingegen das Honey-Mumford-Modell zwischen den Schülern als Aktivisten, Reflektierenden, Theoretikern und Pragmatikern unterscheidet und die Möglichkeit sensorischer Modalitäten überhaupt nicht berücksichtigt. Es gibt keinerlei Übereinstimmung darüber, was ein Lernstil ist, obwohl das Thema schon seit Jahrzehnten erforscht wird.

Zweitens: Gibt es einen zuverlässigen und stichhaltigen Weg, um den Lernstil von Schülern zu ermitteln? Auch hier scheint die Antwort nein zu lauten. Gregory Kratzig und Katherine Arbuthnott (2006) konnten keinen Zusammenhang zwischen Lernstil-Klassifikation und Gedächtnisleistung bei visuellen, auditiven und kinästheischen Übungen feststellen. Vermeintlich visuell Lernende erzielten bei visuellen Versionen einer Aufgabe keine besseren Ergebnisse als bei den auditiven oder kinästhetischen Versionen derselben Aufgabe. Dasselbe galt auch für jede andere bevorzugte sensorische Modalität. Vielleicht liegt ein Grund für die unbefriedigende Zuverlässigkeit und Gültigkeit der Lernstilangebote darin, dass die Messmethoden die Präferenzen der Schüler meist vollkommen unabhängig vom Kontext erfassen. Um es anders zu formulieren: Die Modelle und Messmethoden der Lernstile kommen nicht mit der Möglichkeit zurecht, dass die besten Unterrichtsansätze und Lernversuche davon abhängen könnten, was die Schüler lernen sollen. Schauen Sie sich die erste Frage auf der Internetseite der Paragon Learning Style Inventory an (http://www.oswego.edu/plsi/plsi48a.htm): „Wenn Ihnen eine neue Situation begegnet, versuchen Sie für gewöhnlich (a) die Aufgabe sofort zu lösen und lernen dies während des Vorgangs oder (b) schauen Sie sich erst einmal an, wie alles funktioniert und versuchen es selbst erst später?" Es ist schwierig, diese Frage zu beantworten, wenn man nicht weiß, worum es sich bei der neuen Situation handelt. Würden Sie lesen auf dieselbe Art lernen, wie sie versuchen, eine mathematische Gleichung zu lösen oder Gymnastikübungen einzustudieren? Wenn dies der Fall ist, wären wir ernsthaft besorgt. Die meisten Lernstil-Modelle setzen das Lernen nicht in einen relevanten Zusammenhang, so dass es nicht überraschen kann, dass die Ergebnisse dieser Modelle nicht besonders verlässlich sind.

Drittens: Gibt es Beweise dafür, dass die Effektivität des Unterrichts sich erhöht, wenn Lehrer ihre Lehrmethode an den Lernstil der Schüler anpassen? Seit den 1970er Jahren haben genauso viele Studien diese Annahme widerlegt wie auch unterstützt. Das liegt daran, dass manche Lehrmethoden bessere Ergebnisse erzielen als andere, unabhängig vom Lernstil. Der Film *Freedom Writers* aus dem Jahr 2007 mit Hilary Swank als der Lehrerin Erin Gruwell verdeutlicht diesen Aspekt. Nach einem schwierigen Anfang als Lehrerin in einer Schulklasse, die von Rassismus zerrissen wird, lässt sich Gruwell vom Leben ihrer Schüler fesseln und taucht mit ihnen in die Beschäftigung mit dem Holocaust ein. Durch das Ausüben eines Lernstils, der gegen die normalen Konventionen von Lehrmethoden verstößt, gelingt es ihr, allen Schülern die Problematik verständlich näher zu bringen und Vorurteilen nicht mehr zum Opfer zu fallen. Gruwell hatte ihre Lehrmethoden jedoch nicht an die Lernstile der Schüler angepasst. Stattdessen erreichte sie, wie viele bedeutende Lehrer, diese herausstechenden Ergebnisse, indem sie einen innovativen Lernstil entwickelte, auf den die ganze Klasse enthusiastisch reagierte.

Viertens: Können Ausbilder Lehrern beibringen, ihre Lehrmethoden an die Lernstile ihrer Schüler anzupassen? Auch hier übertreffen die kommerziellen Behauptungen die wissenschaftlichen Beweise bei Weitem. Coffield et al. erwähnen einen geringfügigen wissenschaftlichen Nachweis für diese Möglichkeit. Positive Ergebnisse bei der Anwendung von Lernstilangeboten, um pädagogische Fortbildungen anzuleiten, sind im besten Fall als schwach zu beurteilen. Es gibt keine klaren Auswirkungen aus der pädagogischen Praxis, weil nur wenige gut ausgeführte Studien Beweise liefern und die Studien, die Nachweise liefern, folgewidrige Ratschläge bieten.

Der weit verbreitete Glaube, dass die Lernleistung von Schülern sich verbessert, wenn Lehrer ihre Lehrmethoden an ihre Lernstile anpassen, stellt sich so als moderne Legende der Pädagogischen Psychologie heraus. Gesetzt den Fall, dass dieser Ansatz Lehrer dazu ermutigt, sich nach den intellektuellen Stärken ihrer Schüler zu richten und ihre Schwächen dabei außer Acht zu lassen, könnte dieser Schuss sogar nach hinten losgehen. Schüler müssen ihre Schwächen korrigieren und ausgleichen. Sie sollten sie nicht vermeiden. Sonst könnten sich ihre intellektuell schwächeren Bereiche noch verschlechtern. Das Leben außerhalb des Klassenzimmers richtet sich nicht immer nach den von uns bevorzugten Lernstilen, daher muss uns guter Unterricht auf die Konfrontation mit den Herausforderungen der wirklichen Welt vorbereiten. Wir sind daher einer Meinung mit Frank Coffield, der sagte: „Wir erweisen Schülern einen Bärendienst, wenn wir voraussetzen, dass sie nur einen Lernstil beherrschen, anstatt ihnen ein flexibles Repertoire von Lernstilen zuzutrauen, aus dem sie je nach Zusammenhang wählen können.“

5 Andere Bewusstseinsebenen

Irrtümer über das Bewusstsein

Irrtum 14 Die Hypnose ist ein besonderer Trancezustand, der sich vom Wachzustand unterscheidet

Während Sie tiefer und tiefer in Ihren Sessel sinken, leiert der Hypnotiseur: „Ihre Hand wird immer leichter und leichter. Sie steigt hoch, steigt von ganz alleine hoch, hoch vom festen Untergrund.“ Sie bemerken, dass Ihre Hand sich langsam nach oben bewegt, in unregelmäßigen, nicht beeinflussbaren Bewegungen, in Einklang mit den Eingebungen des Hypnotiseurs. Zwei weitere hypnotische Anweisungen folgen: Eine erzeugt eine Taubheit, durch die Ihre Hand unempfindlich gegenüber Schmerz wird. Eine andere lässt Sie von einem Katzenjungen auf Ihrem Schoß halluzinieren. Die Katze erscheint so real, dass Sie sie streicheln wollen. Was geht hier vor sich? Die Erfahrung, die Sie gemacht haben, erscheint so außergewöhnlich, dass es sich leicht glauben lässt, dass Sie in einem Trancezustand gewesen sein müssen. Aber war dies tatsächlich der Fall?

Die Auffassung, dass ein Trancezustand oder spezieller Zustand des Bewusstseins das herausragendste Merkmal einer Hypnose ist, findet ihren Ursprung in den frühesten Versuchen, hypnotische Zustände zu begreifen. Wenn man den Begriff „mesmerisiert“ mit Hypnose verbindet, so liegt dies daran, dass der Wiener Mediziner Franz Anton Mesmer (1734–1815) bereits frühzeitig faszinierende Demonstrationen geliefert hat, die die Macht der Suggestion beim Behandeln von Patienten mit physischen Symptomen wie einer Lähmung, die eigentlich eine psychische Ursache hat, eindrucksvoll zeigten. Mesmer glaubte, dass ein durchsichtiges Fluidum das Universum ausfüllt, welches psychische nervöse Erkrankungen hervorrufen kann, wenn es aus dem Gleichgewicht gerät. Mesmer hätte das Vorbild des Zauberers in der Szene des Zauberlehrlings in dem Walt-Disney-Film *Fantasia* von 1940 abgeben können. In einen wehenden Umhang gekleidet, berührte Mesmer seine Patienten kaum mit seinem Zauberstab, da verfielen sie schon in wildes Lachen, Heulen, Kreischen oder schlugen um sich. Darauf folgte eine Benommenheit, die als „heilsame Krise“ bekannt ist. Die heilsame Krise wurde das Markenzeichen des Mesmerismus, der auch als Heilmagnetismus bezeichnet wird, und Mesmers Anhänger glaubten, diese sei für die dramatischen Heilungen verantwortlich.

Mesmers Theorie wurde 1784 von einer Kommission widerlegt, die vom damaligen amerikanischen Botschafter in Frankreich, Benjamin Franklin, geleitet wurde (zu diesem Zeitpunkt hatte Mesmer Wien bereits verlassen und war nach Paris gezogen, nachdem sein Versuch, einen blinden Musiker zu heilen, gescheitert war). Die Ermittler schlussfolgerten, dass die Wirkungen des Mesmerismus auf Einbildung und Glaube basierten, oder wie wir es heute nennen, auf den Placeboeffekt zurückzuführen sind – also auf eine Heilung aufgrund bloßer Erwartung einer ebensolchen (siehe Einleitung, S. 30). Dennoch behaupteten eingefleischte Anhänger weiterhin, dass der Magnetismus Menschen übernatürliche Kräfte verleihen kann, unter anderem die Fähigkeit, ohne Augen zu sehen oder Krankheiten durch die Haut des Patienten zu diagnostizieren. Bevor Ärzte in den 1840er Jahren die Anästhesie entwickelten, schürten James Esdailes Berichte über erfolgreiche Eingriffe in Indien, die allein unter Heilmagnetismus durchgeführt worden waren, den Glauben, dass Ärzte den Mesmerismus dazu anwenden könnten, um schmerzfreie Operationen durchzuführen. Ab der Mitte des 19. Jahrhunderts begegnete man den vielen weit hergeholten Behauptungen über Hypnose mit wissenschaftlicher Skeptik. Trotzdem trugen auch diese Behauptungen zum geheimnisvollen Nimbus der Hypnose bei.

Der Marquis de Puysugaur entdeckte das, was später als hypnotischer Trancezustand bezeichnet wurde. Seine Patienten wussten nicht, dass sie auf seine Anweisungen hin in die heilsame Krise geraten sollten, daher widerfuhr ihnen auch nichts Derartiges. Stattdessen schien einer seiner Patienten, Victor Race, in einen schlafähnlichen Zustand zu fallen, wenn er hypnotisiert wurde. Sein Verhalten in diesem Zustand erschien bemerkenswert und die Hypnotiseure begannen, sich vermehrt für den „künstlichen Somnambulismus“, wie sie es nannten, zu interessieren. Dabei verloren sie nach und nach das Interesse an der krampfhaften heilsamen Krise.

Gegen Ende des 18. Jahrhunderts gab es zahlreiche Mythen über Hypnose, darunter die Vorstellung, dass hypnotisierte Menschen sich in einem schlafähnlichen Zustand befinden, in dem sie ihren eigenen Willen aufgeben, ihre Umgebung nicht mehr wahrnehmen und danach vergessen, was während der Hypnose mit ihnen geschehen ist. Die Tatsache, dass das griechische Präfix „hypno-„ Schlaf bedeutet, hat wahrscheinlich zu den Missverständnissen beigetragen. Diese falschen Vorstellungen wurden durch George Du Mauriers Roman *Trilby* (1894) weiter verbreitet. Das Buch handelt von Svengali, dessen Name heute mit einem skrupellosen Manipulator gleichgesetzt wird. Der Protagonist wendet Hypnose an, um ein bedauernswertes Mädchen namens Trilby zu beherrschen. Er versetzt Trilby gegen ihren Willen in einen hypnotischen Zustand und zwingt ihr darin eine zweite Persönlichkeit auf. In ihrer zweiten Persönlichkeit tritt Trilby als Opernsängerin auf und ermöglicht Svengali ein Leben im Luxus. Auch wenn man sich die Handlungen in Werken unserer Zeit vergegenwärtigt, so stellt man fest, dass Hypnose oftmals bekannten Filmen und Büchern ihre Dramatik verleiht. Der hypnotische Trancezustand wird dann als so machtvoll dargestellt, dass ansonsten normale Personen (a) ein Attentat begehen *(Der Manchurian Kandidat)*; (b) Suizid begehen *(The Garden Murders)*; (c) sich selbst mit brühend heißem Wasser entstellen *(The Hypnotic Eye)*; (d) bei einer Erpressung helfen *(James Bond 007 – Im Geheimdienst Ihrer Majestät)*; (e) nur die innere Schönheit einer Person wahrnehmen *(Schwer verliebt)*; (f) Diebstähle begehen *(Im Bann des Jade-Skorpions)* und, unser persönlicher Favorit, (g) Opfer der Gehirnwäsche außerirdischer Prediger werden, die ihre Nachrichten in ihren Predigten verstecken *(Invasion of the Space Preachers)*.

Jüngere Umfragedaten zeigen, dass die öffentliche Meinung mit der Darstellung von Hypnose in den Medien übereinstimmt. Im Besonderen pflichteten 77% der Collegestudenten der Aussage: „Hypnose ist ein veränderter Bewusstseinszustand, der sich vom normalen Wachzustand sehr unterscheidet", bei, 44% waren der Meinung, dass „eine tief hypnotisierte Person roboterartig agiert und automatisch das tut, was der Hypnotiseur ihr suggeriert".

Die Forschung widerlegt diese weit verbreiteten Annahmen jedoch. Hypnotisierte Menschen sind bei weitem keine gedankenlosen Automaten. Sie können sich hypnotischen Aufforderungen widersetzen und sie ablehnen und sie führen während oder nach der Hypnose auch keine Befehle aus, die ihrem Charakter widersprechen. Außerhalb von Hollywoodfilmen kann die Hypnose keinen sanftmütigen Menschen in einen kaltblütigen Mörder verwandeln. Außerdem besitzt der hypnotische Zustand nur eine oberflächliche Ähnlichkeit mit Schlaf. EEG-Untersuchungen zeigen, dass hypnotisierte Menschen hellwach sind. Darüber hinaus können Menschen genauso auf Suggestionen eingehen, während sie aufmerksam auf einem Hometrainer aktiv sind, wenn sie dabei Anweisungen für Schlaf und Entspannung folgen.

Bühnen-Hypnose-Shows, in denen zombieähnliche Freiwillige wie Enten quaken oder wie irre Luftgitarre zu Musik von U2 spielen, verstärken das Klischee, welches der Hypnose anhaftet. Aber die verrückten Aktionen der Menschen auf der Bühne sind nicht auf Trancezustände zurückzuführen. Bevor die Show überhaupt beginnt, wählt der Hypnotiseur potentielle Darsteller aus dem Publikum aus, indem er sie bei den Vorbereitungen auf die Show genau beobachtet. Diejenigen, die ihre ausgestreckten Hände fallen lassen auf die Aufforderung hin, sich vorzustellen, sie hielten ein besonders schweres Wörterbuch, werden sehr wahrscheinlich später eingeladen, auf die Bühne zu kommen. Die übrigen Zuschauer sehen die Show von ihren Sitzen aus. Die hypnotisierten Leute machen in erster Linie haarsträubende Dinge, weil sie einen starken Druck verspüren, auf den Hypnotiseur zu reagieren und die Menge zu unterhalten. Viele Bühnenhypnotiseure verwenden die Technik des „Bühnenflüsterns" („O. k., wenn ich mit meinen Fingern schnippe, belle wie ein Hund").

Unter Laborbedingungen kann man leicht alle Phänomene reproduzieren, die Menschen mit Hypnose verbinden (Dinge wie Halluzinationen und Schmerzunempfindlichkeit), indem man lediglich Suggestion anwendet. Hypnose muss hierzu weder erwähnt noch angedeutet werden. Die Forschungsberichte hierzu sind eindeutig: Kein Trance- oder anderer eigenständiger Zustand, der einzigartig für Hypnose ist, liegt hier vor. In der Tat sagen die meisten Menschen, nachdem sie sich einer Hypnose unterzogen haben, sie seien in keinem Trancezustand gewesen. Kevin McConkey (1986) fand heraus, dass 62% der Teilnehmer einer Studie die Ansicht vertraten, „Hypnose sei ein veränderter Bewusstseinszustand", bevor sie sich hypnotisieren ließen. Nachdem sie hypnotisiert worden waren, blieben nur 39% bei ihrer ursprünglichen Meinung.

Wenn man für eine Hypnose keinen Trancezustand braucht, so stellt sich die Frage, wodurch hypnotische Beeinflussbarkeit ausgelöst wird. Die hypnotische Beeinflussbarkeit eines Menschen hängt von seiner Motivation, seinem Wissen, seiner Vorstellungskraft, seinen Erwartungen sowie seiner Empfänglichkeit für Suggestion ohne Hypnose ab. Das Gefühl eines veränderten Bewusstseinszustands ist nur eine von vielen subjektiv empfundenen Auswirkungen der Suggestion und wird nicht einmal benötigt, um einen der anderen erwähnten Effekte zu erfahren.

Beweise für einen besonderen Trance- oder veränderten Bewusstseinszustand, der bei jeder Hypnose auftritt, müssten darauf basieren, dass Forscher zu jeder Zeit bestimmte physiologische Kennzeichen bei der Reaktion der hypnotisierten Person feststellen, wenn diese in einen Trancezustand geraten. Trotz vielfacher Bemühungen ist es Forschern nicht gelungen, solche Beweise zu liefern. Es gibt also keinen Anlass zu dem Glauben, dass sich Hypnose eher in ihrer Form als in einer Abstufung von einem normalen Wachzustand unterscheidet. Stattdessen scheint Hypnose nur eine Variante unter vielen zu sein, um die Beeinflussbarkeit des Menschen zu erhöhen.

Dennoch muss betont werden, dass hypnotische Suggestion die Funktionsweise des Gehirns beeinflussen kann. Neurobiologische Studien zur Hypnose deuten darauf hin, dass der anteriore cinguläre Kortex eine wichtige Rolle bei den Veränderungen der Bewusstseinszustände während einer Hypnose spielt. Auch wenn diese Ergebnisse interessant sind, heißt dies aber nicht, dass sie auf einen bestimmten Bewusstseinszustand während einer Hypnose hinweisen. Die Ergebnisse zeigen lediglich, dass Hypnose das Gehirn in irgendeiner Weise verändert. Das allerdings kann nicht überraschen, da die Gehirnfunktionen auch von Entspannung, Müdigkeit, erhöhter Aufmerksamkeit und vielen anderen Zuständen, die sich von normaler Aufmerksamkeit unterscheiden, beeinflusst werden.

Wieder andere Wissenschaftler haben behauptet, dass es durchaus ein besonderes Verhalten gibt, das den hypnotischen Zustand auszeichnet. Wissenschaftliche Beweise dafür werden aber immer noch gesucht. Der Psychiater Milton Erickson (1980) behauptete, dass Hypnose immer durch ganz bestimmte Charakteristika gekennzeichnet sei. Darin mit eingeschlossen sei die Tendenz, alle Fragen wörtlich zu nehmen und entsprechend zu beantworten. Eine typische Antwort auf die Frage: „Können Sie mir sagen, wie spät es ist?“, wäre demnach: „Ja.“ Versuche zeigen jedoch, dass die wenigsten Hypnotisierten ein solches Verhalten an den Tag legen. Menschen, die gebeten werden, so zu tun als seien sie hypnotisiert worden, zeigen dieses Verhalten wesentlich häufiger als Personen, die tatsächlich hypnotisiert wurden.

Wenn Sie also das nächste Mal einen Hollywoodfilm sehen, in dem die CIA einen Durchschnittsmenschen in einen schlafwandelnden Zombie verwandelt, der den 3. Weltkrieg verhindert, indem er den bösen Diktator bei einem Attentat umbringt, seien Sie lieber skeptisch. Wie die meisten Dinge, die Sie auf der großen Leinwand sehen, ist Hypnose nicht unbedingt das, was sie zu sein scheint.

Irrtum 15 Forscher haben nachgewiesen, dass Träume symbolische Bedeutung haben

„Wenn Sie Ihre Träume verstehen ... werden Sie beeindruckt sein, wie schnell Sie dadurch eine bleibende positive Veränderung in Ihrem Leben bewirken können! Sie haben richtig gelesen! Ihr Unterbewusstsein versucht sehr intensiv, Ihnen durch Ihre Träume etwas mitzuteilen. Sie müssen nur die Traumsymbole deuten können.“

Lauri Quinn Loewenberg (2008) formulierte diesen Werbeslogan auf ihrer Internetseite, um für ihr Buch zum Thema Trauminterpretationen zu werben. Demnach enthält das Buch „7 Geheimnisse, die Ihnen helfen, Ihre Träume zu verstehen“. Diese Internetseite ist eine von vielen, die mit großen Versprechungen das Entschlüsseln von Traumsymbolik anpreisen. Sogenannte Traumwörterbücher, entsprechende Webseiten sowie „Traum-Software“-Programme, die man sich auf den Computer herunterladen kann, enthalten in Datenbanken tausende von Traumsymbolen, die versprechen, den Lesern dabei zu helfen, die geheimen Botschaften in ihren zu Träumen zu dekodieren. Auch Film und Fernsehen schlagen Kapital aus unserer weit verbreiteten Annahme, dass Träume symbolische Bedeutungen beinhalten. In einer Folge der Fernsehserie *The Sopranos* erscheint ein Freund von Tony Soprano in einem von Tonys Träumen als sprechender Fisch. Dies führt dazu, dass Tony seinen Freund verdächtigt, ein Informant des FBI zu sein („Fish“ steht im Englischen umgangssprachlich für Informant).

Daher überrascht es nicht, wenn die Ergebnisse einer Umfrage der Newsweek zeigen, dass 43 % der Amerikaner glauben, Träume brächten unbewusste Wünsche zum Ausdruck. Außerdem konnten Forscher, die Umfragen in Indien, Südkorea und den USA durchführten, feststellen, dass zwischen 56 % und 74 % der Befragungsteilnehmer in allen drei Kulturen glaubten, Träume könnten versteckte Wahrheiten aufdecken. In einer zweiten Studie gaben manche sogar an, sie würden Flugreisen vermeiden, wenn sie sich vorstellen würden, geträumt zu haben, dass dieses Flugzeug abstürze. Ein bewusster Gedanke an einen Flugzeugabsturz oder an eine offizielle Warnung vor Terroranschlägen würde sie in vergleichsweise geringerem Maße von einem Flug abhalten. Das zeigt, dass viele Menschen daran glauben, Träume enthielten wertvolle Botschaften, die vielleicht sogar nützlicher sind als bewusste Gedanken.

Weil viele von uns glauben, dass Traumsymbole die Zukunft vorhersagen und wichtige persönliche Einsichten ermöglichen können, bedienen uns Traumwörterbücher mit zahlreichen Ratschlägen. Glaubt man dem *Dream Central's* Traumwörterbuch, so „könnten Sie sehr wahrscheinlich eine äußerst angenehme Nachricht bezüglich Ihrer Finanzen erhalten, wenn Sie im Traum eine schlechte Angewohnheit aufgeben". Im Gegenzug dazu allerdings „könnte es auf einige kleinere Verluste hinweisen", wenn Sie im Traum Maccaroni essen. Das *Hyperdictionary of Dreams* warnt bei Träumen über Ameisenbären davor, dass „Sie neuen Elementen, Leuten oder Geschehnissen ausgesetzt sein werden, die Ihre Disziplin und Ihre Arbeitsmoral gefährden werden". Dementsprechend sollten Träumende es eindeutig vermeiden, von Maccaroni essenden Ameisenbären zu träumen, damit sie nicht in monetäre Probleme geraten.

Jetzt aber Spaß beiseite. Viele Therapeuten, die ihre Ausbildung nach freudscher Tradition genossen haben, haben lange die Ansicht vertreten, dass die sich stetig ändernde und manchmal sehr bizarr anmutende Traumlandschaft mit Symbolen vollgestopft ist, welche die innersten Geheimnisse der Psyche preisgeben können, wenn sie richtig interpretiert werden. Laut Freud sind Träume die *via regia* – der Königsweg, um den unterbewussten Teil der Psyche zu verstehen – und enthalten „die Psychologie des Neurotizismus in knappster Form" (Freud in einem Brief an Fließ, 1897, in Jones, 1953, S. 355). Freud argumentierte, dass die Verteidigungsmechanismen des Ich während des Träumens nicht aktiv seien und es dadurch dem Es erlaubt sei, an die Tür des Bewusstseins zu klopfen (für Freud war das „Ich" ein Teil der Persönlichkeit, der sich der Realität stellt, das „Es" war gleichbedeutend mit dem sexuellen und aggressiven Antrieb des Menschen). Trotzdem erreichen diese Impulse so gut wie nie die Türschwelle der Wahrnehmung. Stattdessen werden sie, so Freud, in der „Traumarbeit" in Symbole umgewandelt, die verbotene und versteckte Wünsche tarnen und den Träumenden dadurch einen erholsamen Schlaf ermöglichen. Wenn es diese Zensur nicht gäbe, so würden die Träumenden von den beunruhigenden Ausbrüchen der unterdrückten Trauminhalte – die oft sexueller und aggressiver Natur sind – aufgeweckt werden.

Trauminterpretationen sind ein Dreh- und Angelpunkt der Psychoanalyse. Den Freudianern zufolge geben Träume ihre Geheimnisse jedoch nicht kampflos preis. Die Aufgabe des Analytikers ist es, hinter die Fassade des Traums, den sogenannten manifesten Trauminhalt, zu blicken und den latenten Trauminhalt, also die tiefere, verhüllte Bedeutung des Traums, zu interpretieren. Zum Beispiel könnte das Auftauchen eines Monsters im Traum (manifester Trauminhalt) eine Bedrohung durch den gefürchteten Chef (latenter Trauminhalt) bedeuten. Die Traumsymbole beziehen wir dabei aus dem Magazin unserer Lebenserfahrung. Mit eingeschlossen sind hier die Erlebnisse des Vortags (hier hatte Freud sehr wahrscheinlich recht) sowie unsere Kindheitserfahrungen.

Freud war der Meinung, man müsse sich bei der Trauminterpretation von den freien Assoziationen der Patienten bezüglich vieler Aspekte des Traums leiten lassen und dabei auch Raum für individuell gestaltete Interpretationen des Trauminhalts zugestehen. Obwohl Freud seine Leser davor warnte, dass Traumsymbole keine eindeutige Beziehung zu psychologisch bedeutsamen Objekten, Menschen oder Erlebnissen hätten, berücksichtigte er selbst diese Regel nicht immer und deutete die symbolische Bedeutung der Träume seiner Patienten, ohne ihre Vorgaben zu berücksichtigen. In seinem epochemachenden Werk *Die Traumdeutung* (1900) berichtet Freud, dass eine seiner Patientinnen von einem Strohhut geträumt habe, dessen mittlerer Teil nach oben gebogen gewesen sei und die Seitenteile nach unten gehangen hätten. Obwohl die Patientin selbst keinerlei Assoziationen zu diesem Traumsymbol hatte, schlug Freud vor, dass der Hut männliche Genitalien symbolisiere. Außerdem erwähnte er besonders, dass das Eindringen in enge Räume und das Öffnen abgeschlossener Türen häufig sexuelle Aktivität symbolisieren. Dahingegen würden das Abschneiden von Haaren, das Verlieren von Zähnen und Enthauptungen in vielen Fällen für eine Kastration stehen. Freud hat also entgegen seiner eigenen Warnungen viele Traumsymbole wie feststehende Begriffe behandelt.

Die Werke Freuds ebneten den Weg für eine wachsende Traumdeutungsindustrie, die bislang keinerlei Anzeichen zeigt, ihren Würgegriff von den Erwartungen der Öffentlichkeit zu lösen. Dennoch lehnen die meisten Wissenschaftler heute die These ab, dass bestimmte Traumbilder universelle symbolische Bedeutung in sich tragen. Tatsächlich lässt eine enge Betrachtung von Träumen den Schluss zu, dass viele Träume gar nicht durch Symbole verschleiert zu sein scheinen. In den frühen Phasen des Schlafes, noch bevor die erste REM-Phase eintritt, drehen sich die meisten unserer Träume um unsere alltäglichen Aktivitäten und Sorgen.

Während des REM-Schlafes produzieren unsere hochaktiven Gehirne Träume, die manchmal jeder Logik widersprechen und mit Emotionen aufgeladen sind. Geschieht dies, weil unterdrückte Gedanken des Es der Zensur entkommen? Der Psychiater J. Allan Hobson glaubt das nicht. Tatsächlich ist seine Traumtheorie, die inzwischen beachtliche wissenschaftliche Anerkennung gefunden hat, so radikal anders als die von Freud, dass manche ihn den „Anti-Freud" nennen. Beginnend in den 1960er und 1970er Jahren entwickelte Hobson zusammen mit seinem Kollegen Robert McCarley am Harvard's Laboratory of Neurophysiology das *Aktivieriungs-Synthese-Modell*, das Träume eher mit Gehirnaktivität in Verbindung bringt als mit symbolischen Ausdrücken unbewusster Wünsche.

Laut dieser Theorie orchestrieren verschiedene Neurotransmitter (chemische Botenstoffe) eine dramatische Symphonie von Veränderungen im Gehirn, welche in ihrer Folge Träume generieren, während wir etwa alle 90 Minuten durch eine unserer REM-Phasen gleiten. Genauer ausgedrückt stimulieren Fluten von Acetylcholin die emotionalen Zentren des Gehirns, während gesunkene Serotonin- und Noradrenalinspiegel die Aktivität jener Teile des Gehirns unterdrücken, die für Vernunft, Gedächtnis und Aufmerksamkeit zuständig sind. Hobson ist der Meinung, dass REM-Träume die besten, wenn auch nicht perfekten, Versuche sind, eine sinnvolle Geschichte aus dem Mischmasch aus beliebigen Informationen zusammenzuschustern, die ein „Brücke" genannter Teil des Gehirns übermittelt. Unter diesen Umständen haben die Bilder, die willkürlich hochsprudeln, keinerlei Bedeutung. Traumdeutung wäre daher im besten Fall nur zufällig möglich, ähnlich wie der Versuch, Weisheiten aus sinnlosem Gequassel abzuleiten.

Um Freud dennoch Ehre zuteil werden zu lassen, muss man sagen, dass er in zwei Punkten durchaus recht hatte: Unsere täglichen Gedanken und Gefühle können unsere Träume beeinflussen und Emotion spielt eine wichtige Rolle beim Träumen. Aber nur weil die Bereiche des Gehirns, die für die Emotionen zuständig sind, in der Nacht beim Träumen aufgeladen werden, weil das Vorderhirn, das für logisches Denken zuständig ist, in dieser Zeit quasi heruntergefahren wird, heißt das nicht, dass unsere Träume Versuche sind, die Wünsche des Es zu erfüllen. Genauso wenig bedeutet es, dass Träume Symbole verwenden, um ihre wahre Bedeutung zu verschleiern.

Es wäre daher wohl klüger, sich die Pros und Kontras vor einer Entscheidung klarzumachen und auf den Rat von Freunden zu hören, als sich auf ein Traumlexikon zu verlassen, um die Zukunft vorherzusehen. Dennoch raten wir dazu, was Ihre Träume betrifft, Maccaroni essende Ameisenbären zu meiden.

Irrtum 16 Menschen können während des Schlafens lernen

Stellen Sie sich vor, Sie könnten alle Informationen aus diesem Buch lernen, während Sie einfach nur ein paar Nächte gut durchschlafen. Sie könnten jemanden bezahlen, der Ihnen das komplette Buch auf einen Tonträger aufnimmt, dann das Aufgenommene ein paar Nächte lang abspielen und schon hätten Sie den Inhalt des Buches gelernt. Sie könnten Abschied nehmen von all den Abenden, an denen Sie bis spät in der Nacht lesen müssten.

Wie in vielen anderen Bereichen der Psychologie gilt auch hier: Die Hoffnung stirbt zuletzt. Viele Befürworter des schlafgestützten Lernens – also des Lernens während man schläft (der Fachausdruck hierfür lautet „Hypnopädie") – behaupten Großes, wenn sie das Potential dieser Lerntechnik unterstreichen möchten. Eine Internetseite informiert ihre Leser wie folgt:

> Das schlafgestützte Lernen ist ein Weg, die Fähigkeiten Ihres Unterbewusstseins nutzbar zu machen, während Sie schlafen. Es ermöglicht Ihnen, im Schlaf Fremdsprachen zu erlernen, Prüfungen zu bestehen, ein Fachstudium zu absolvieren und sich persönlich weiterzuentwickeln. Verwenden Sie Techniken, die auf Forschung basieren, welche weltweit mit großem Erfolg betrieben wird ... Es handelt sich hierbei um die unglaublichste Lernhilfe seit Jahren.

Die Internetseite bietet eine große Auswahl an CDs, die uns angeblich dabei helfen, Sprachen zu lernen, das Rauchen aufzugeben, abzunehmen, Stress zu reduzieren oder ein besserer Liebhaber zu werden – und das alles, während Sie gemütlich Ihrem Schlafbedürfnis nachkommen. Die Betreiber der Internetseite versteigen sich sogar zu der Behauptung, dass die angebotenen CDs im Schlaf besser funktionieren, als wenn der Anwender wach ist. Auch Amazon.com bietet eine Menge Produkte an, die dafür entwickelt wurden, uns dabei zu helfen, im Schlaf zu lernen. Darunter gibt es

CDs, mit deren Hilfe der Anwender vermeintlich Spanisch, Rumänisch, Hebräisch, Japanisch und Chinesisch lernen kann, während er im Schlaf die unterschwelligen Botschaften hört (siehe Irrtum 3). Wahrscheinlich überrascht es Sie nicht, wenn eine Umfrage zum Ergebnis hatte, dass 68% der Erstsemesterstudierenden glaubten, dass Menschen neue Inhalte während des Schlafens lernen können.

Schlafgestütztes Lernen ist auch ein häufiges Plotelement in vielen beliebten Büchern, Fernsehsendungen und Filmen. In dem brillanten und angsteinflößenden Buch *Uhrwerk Orange* (1962) von Anthony Burgess, welches später von Stanley Kubrick erfolgreich verfilmt wurde, versuchen Regierungsbeamte erfolglos, schlafgestütztes Lernen anzuwenden, um aus dem Protagonisten Alex, einem Psychopathen, ein anständiges Mitglied der Gesellschaft zu machen. In einer Folge der beliebten Fernsehserie *Friends* versucht Chandler Bing (dargestellt von Matthew Perry), das Rauchen aufzugeben, indem er nachts während des Schlafens eine Suggestionskassette anhört. Was er allerdings nicht weiß, ist, dass der Tonträger eine völlig andere Suggestion enthält: Was er nachts hört, ist die Suggestion: „Sie sind eine starke und selbstbewusste Frau." Dies führt dazu, dass Chandler sich im Alltag sehr weiblich verhält.

Aber können die eindrucksvollen Behauptungen zum Thema schlafgestütztes Lernen mit der Realität Schritt halten? Ein Grund für anfänglichen Optimismus beruht auf Forschungsergebnissen, die zeigten, dass Menschen manchmal äußere Stimuli in ihre Träume einbauen. Ein klassisches Experiment von William Dement und Edward Wolpert (1958) wies nach, dass Versuchspersonen häufig äußere Reize, die ihnen während des Schlafes präsentiert worden waren, in ihre Träume einbauten. So zum Beispiel wurden einige von ihnen mit Wasser aus einer Spritze nass gemacht. Eine der Versuchspersonen erzählte von einem Traum über ein undichtes Dach, als man sie kurz nach dem Reiz weckte. Spätere Forschungsarbeiten konnten nachweisen, dass 10–50% der Versuchsteilnehmer äußere Stimuli wie Glocken, rote Lichter oder Stimmen in ihre Träume eingeflochten. Diese Studien weisen aber nicht nach, dass schlafgestütztes Lernen effektiv ist, weil sie nicht zeigen, dass Menschen komplexe neue Informationen wie mathematische Formeln oder neue Wörter einer Fremdsprache in ihre Träume einbauen. Genauso wenig beweisen sie, dass Menschen sich später im Alltag an diese externen Stimuli erinnern können, wenn sie nicht aus ihren Träumen aufgeweckt werden.

Um den Behauptungen über schlafgestütztes Lernen nachzugehen, müssen Forscher Teilnehmer einer Versuchsgruppe wahllos in zwei Gruppen einteilen. Eine der Gruppen bekommt während des Schlafens aufgezeichnete Stimuli wie Wörter einer fremden Sprache zu hören, während die Kontrollgruppe einen Tonträger mit nichtssagenden Stimuli vorgespielt bekommt. Später wird das Wissen der Versuchspersonen hinsichtlich der registrierten Stimuli in standardisierten Tests überprüft. Interessanterweise boten einige frühe Forschungsergebnisse zu diesem Thema ermutigende Ergebnisse. Eine Forschungsgruppe setzte Seeleute während des Schlafs Morsezeichen aus (eine Form der Stenographie, die Funker manchmal verwenden). Diese Seeleute erlernten Morsezeichen drei Wochen schneller als andere Seeleute. Andere Studien aus der früheren Sowjetunion schienen ebenfalls Beweise dafür zu liefern, dass Menschen im Schlaf neues Wissen wie Wörter oder Sätze erlernen können, wenn sie während des Schlafens Tonbandaufnahmen hören.

Allerdings versäumten diese frühen Studien, mögliche Alternativerklärungen auszuschließen: Die Tonbandaufnahmen könnten die Versuchspersonen aufgeweckt haben! Das Problem besteht darin, dass keine der Studien, die positive Ergebnisse lieferten, die Hirnstromwellen der Versuchspersonen gemessen hatte, um sicherzugehen, dass diese tatsächlich fest schliefen, während sie die Tonbänder anhörten. Besser kontrollierte Studien, in denen die Hirnstromwellen der Versuchspersonen während des Experiments überprüft wurden, haben nur wenige bis gar keine Beweise für die Tauglichkeit von schlafgestütztem Lernen liefern können. In dem Ausmaß also, in dem schlafgestütztes Lernen funktioniert haben soll, war dies wahrscheinlich darauf zurückzuführen, dass die Versuchspersonen immer wieder Fetzen der Stimuli aufgefangen haben, weil sie zwischen Schlaf- und Wachzustand hin- und herdrifteten.

Sich Tonträger anzuhören, während man wach ist, ist nicht nur effizienter, sondern wahrscheinlich auf wirksamer. Was eine wirksame und schnelle Lösung für das Erlernen neuen Wissens oder das Abbauen von Stress betrifft, so empfehlen wir, dass Sie Ihr Geld sparen und sich stattdessen eine ordentliche Mütze Schlaf gönnen.

6 Ich habe das Gefühl, dass ...

Irrtümer über Emotionen und Motivation

Irrtum 17 Der Polygraph-(„Lügendetektor"-)Test ist eine genaue Messmethode, um Unehrlichkeit aufzudecken

Haben Sie schon einmal gelogen? Wenn Sie mit nein antworten würden, wäre die Wahrscheinlichkeit hoch, dass Sie lügen. Collegestudenten gaben zu, dass sie in einer von drei sozialen Interaktionen lügen – das ist durchschnittlich zweimal am Tag –, und Menschen aus dem alltäglichen Leben gaben an, bei einer von fünf sozialen Interaktionen zu lügen – das ist durchschnittlich etwa einmal am Tag.

Versuche, andere im Alltag zu betrügen, sind genauso schwer zu erkennen wie sie häufig sind. Man könnte annehmen, dass wir gut darin sind, Lügen zu erkennen, gerade weil sie so häufig sind. Dem ist allerdings nicht so. Im Gegensatz zu dem, was in der Fernsehserie *Lie to me* mit dem Schauspieler Tim Roth als Betrugsexperten Dr. Cal Lightman dargestellt wird, zeigt umfangreiche Forschung jedoch, dass es überraschend wenig begründete Hinweise dafür gibt, wenn Betrug im Spiel ist. Im Gegenteil haben selbst ausgebildete Berufsgruppen wie Richter oder Polizisten beim Aufdecken von Lügen keine bessere Trefferquote als der Zufall. Die meisten von uns liegen vollkommen daneben mit der Annahme, sie könnten Lügner anhand ihrer Körpersprache überführen. Obwohl zum Beispiel etwa 70% der Menschen glauben, dass nervös hin- und herwandernde Augen auffällige Merkmale eines Lügners sind, stellen Forschungsergebnisse dies anders dar. Es gibt im Gegenteil sogar Hinweise dafür, dass Psychopathen, also pathologische Lügner, ihrem Gegenüber sehr wahrscheinlich sogar genau in die Augen schauen, während sie ihm unverfroren Lügen auftischen.

Wenn wir nicht feststellen können, ob jemand lügt oder die Wahrheit sagt, indem wir ihn genau beobachten, wie können wir es dann herausfinden? Schaut man in die Vergangenheit, präsentiert sich dem Betrachter eine wahre Parade an dubiosen Methoden, um verdächtigte Lügner zu überführen wie etwa der „Reistest" der alten Hindus. Die Idee ist die folgende: Wenn Betrug Angst nach sich zieht und Angst die Speichelbildung hemmt, sollte eine beschuldigte Person nicht dazu in der Lage sein, Reis auszuspucken, nachdem sie ihn gekaut hat, weil dieser ihr dann am Gaumen kleben bleibt. Im 16. und 17. Jahrhundert wurden Hexen als angeklagte Frauen der Wasserprobe, auch „Hexenbad" genannt, ausgesetzt. Die Ankläger tauchten die beschuldigte Hexe in kaltem Wasser unter. Wenn sie zurück an die Wasseroberfläche kam, gab es eine gute und eine schlechte Nachricht: Sie hatte überlebt, wurde aber schuldig gesprochen – wahrscheinlich weil Hexen übernatürlich leicht sind oder weil Wasser eine so reine Flüssigkeit ist, dass sie die schlechte Natur der Hexe abweist – und daher zum Tode verurteilt. Wenn sie dagegen nicht zurück an die Oberfläche kam, gab es ebenfalls eine gute und eine schlechte Nachricht: Sie war wahrscheinlich unschuldig. Dies war aber kaum ein Trost für sie, weil sie bereits ertrunken war.

Zu Beginn des 20. Jahrhunderts begannen einige geschäftstüchtige Forscher mit physiologischen Messmethoden zur Unterscheidung von Lüge und Wahrheit zu experimentieren. In den 1920er Jahren erfand der Psychologe William Moulton Marston ein Gerät, das den systolischen Blutdruck messen konnte (dabei handelt es sich um die höhere Zahl beim Ablesen des Blutdrucks) – dies war der erste Polygraph bzw. sogenannte Lügendetektor-Test. Unter dem Pseudonym Charles Moulton erfand er später die erste weibliche Comic-Superheldin *Wonder Woman*, die Bösewichte durch das Umgarnen mit ihrem magischen Lasso dazu zwingen konnte, die Wahrheit zu sagen. Für Morston war der Polygraph das Equivalent zu Wonder Womans magischem Lasso: ein unfehlbarer Detektor der Wahrheit. Abgesehen von den gefüllten Seiten der Comic-Hefte regte Marstons Blutdruckmessgerät die Entwicklung der modernen Polygraphen an.

Ein Polygraph, auch Biosignalgerät genannt, bietet eine kontinuierliche Aufzeichnung der physiologischen Aktivität – zum Beispiel der elektrischen Leitfähigkeit der Haut, des Blutdrucks und der Atmung. In der Komödie *Meine Braut, ihr Vater und ich* aus dem Jahr 2000 wendet der frühere CIA-Agent Jack Bynes (dargestellt von Robert De Niro) bei Greg Focker (gespielt von Ben Stiller) ein polygraphisches Testverfahren an, um herauszufinden, ob Focker ein guter Schwiegersohn sein wird. In den meisten Fällen, in denen Polygraphen in Filmen und Fernsehsendungen vorkommen, werden die sogenannten Lügendetektoren als unfehlbar dargestellt. Im Gegensatz zu dem Eindruck, den solche Filme oder manche Fernsehkrimis vermitteln, ist das Gerät keine schnelle Lösung, um herauszufinden, ob jemand lügt, auch wenn diese Hoffnung wahrscheinlich zu der andauernden Popularität des Polygraphen maßgebend beiträgt. Stattdessen interpretiert für gewöhnlich der Prüfer, der die Fragen stellt, die Aufzeichnungen des Polygraphen und legt dann sein Urteil fest, ob die untersuchte Person lügt oder nicht. Die physiologische Aktivität kann hilfreiche Hinweise dazu liefern, ob eine Person die Wahrheit sagt, weil lügen damit in Zusammenhang gebracht wird, wie ängstlich der Befragte während des Tests ist. Nervosität beispielsweise verursacht bei den meisten Menschen Schwitzen, was wiederum die elektrische Leitfähigkeit der Haut beeinflusst. Dennoch ist das Interpretieren der Aufzeichnungen des Biosignalgeräts bekanntermaßen aus verschiedenen Gründen schwierig.

Zuerst einmal gibt es große Unterschiede darin, wie stark die physiologischen Aktivitäten bei verschiedenen Personen auftreten. Ein ehrlicher Befragter, der dazu tendiert, viel zu schwitzen, kann deshalb irrtümlicherweise als verdächtig eingestuft werden, wohingegen eine Person, die weniger schnell schwitzt, fälschlicherweise als unschuldig eingeordnet werden kann. Dieses Problem unterstreicht die Notwendigkeit einer Voruntersuchung eines jeden Befragten, in der die Grunddaten seiner physiologischen Reaktionen festgehalten werden. Um bestimmte Verbrechen zu untersuchen, wird besonders häufig der Kontrollfragentest eingesetzt. Diese Version des sogenannten Lügendetektortests enthält relevante Fragen bezüglich der vermeintlichen Übeltat („Haben Sie Ihrem Arbeitgeber 200 € gestohlen?“) und nicht tatbezogene Vergleichsfragen, die Personen dazu verleiten sollen zu lügen („Haben Sie jemals gelogen, um sich aus einer schwierigen Situation zu befreien?“). Beinahe jeder von uns hat schon einmal geschwindelt, um aus einer unangenehmen Lage herauszukommen, aber weil wir diese kleine peinliche Tatsache während des Tests nicht zugeben wollen, würden wir bei der Beantwortung dieser Frage wahrscheinlich lügen. Das Grundprinzip des Kontrollfragentests besteht darin, dass die Vergleichsfragen eine wichtige Grundlage liefern, um die Reaktionen des Befragten bei bekannten Lügen zu interpretieren.

Diese Argumentation ist jedoch anzuzweifeln, weil Vergleichsfragen eine ganze Reihe von bedeutsamen Faktoren nicht kontrollieren können. Überdies gibt es, wie David Lykken (1998) bemerkte, keine Beweise für eine sogenannte *Pinocchio-Antwort*: Gemeint ist damit eine emotionale oder physiologische Reaktion, die ausschließlich auf einen Schwindel hinweist. Wenn die Auswertungen des polygraphischen Testverfahrens während der Beantwortung relevanter Fragen höhere physiologische Aktivität anzeigen als bei der Beantwortung der Vergleichsfragen, so zeigt uns dies höchstens, dass der Untersuchte während des einen Teils des Tests nervöser war als während des anderen Bestandteils des Tests.

Hier liegt allerdings auch der Hund begraben. Die verschiedenen Abstufungen der Ängstlichkeit könnten ihre Ursache in der tatsächlichen Schuld des Befragten haben. Sie könnten aber auch mit Empörung oder Schock über die unberechtigte Anschuldigung genauso wie mit der Erkenntnis zu tun haben, dass die eigenen Antworten auf die relevanten Fragen – aber nicht auf die Vergleichsfragen – zu einer Gefängnisstrafe oder dem Verlust des Arbeitsplatzes führen könnten. Ebenso könnten unangenehme Gedanken, die mit der vermeintlichen Missetat in Verbindung gebracht werden, für die physiologischen Veränderungen verantwortlich sein. Es überrascht daher nicht, dass der Kontrollfragentest und ähnlich aufgebaute Untersuchungen unter einer hohen Rate falscher Testergebnisse – zumeist falscher Beschuldigungen – leiden. Als Konsequenz daraus könnte man sagen, dass der „Lügendetektortest“ den falschen Namen trägt: Es handelt sich in wesentlich höherem Maße um einen Erregungsdetektor als um einen Lügendetektor. Der irreführende Name trägt wahrscheinlich zur allgemeinen Annahme bei, der Lügendetektortest sei stets akkurat. Umgekehrt erleben manche Menschen, die tatsächlich schuldig sind, gar keine Angstgefühle, wenn sie die Unwahrheit sagen, ganz unabhängig davon, wen sie anlügen. Psychopathen sind bekanntermaßen immun gegenüber Angstgefühlen und können dazu in der Lage sein, die Tester auch unter hohem Druck hinters Licht zu führen, auch wenn die Nachweislage für solche Fälle nicht eindeutig ist.

Erschwerend kommt hinzu, dass diejenigen, die die Ergebnisse des Polygraphen auswerten, häufig anfällig für die sogenannte *Bestätigungstendenz* sind, die Tendenz also, das zu sehen, was sie erwarten zu sehen. Die Prüfer haben Zugriff auf Informationen bezüglich des vermeintlichen Verbrechens und haben oft bereits von vornherein eine Meinung dazu, ob der Angeklagte schuldig ist oder nicht, bevor sie überhaupt mit dem Test beginnen. Gershon Ben-Shakhar (1991) stellte fest, dass die Meinung des Prüfers den Testvorgang an verschiedenen Stellen beeinflussen kann: beim Erstellen der Fragen, beim Vorgang des Fragens, beim Eintragen der

Ergebnisse in die Auswertungstabellen und beim Interpretieren der Testergebnisse. Um die Bedeutung der Bestätigungstendenz darzustellen, beschrieb er in einer Sendung, die 1986 von dem CBS-Nachrichtenmagazin *60 Minutes* ausgestrahlt wurde, einen Versuch. Die Produzenten der Sendung *60 Minutes* beauftragten drei Polygraphenunternehmen, um herausfinden zu lassen, wer einen Fotoapparat aus einem Büro für ein Fotomagazin gestohlen hatte. Obwohl dieser Diebstahl niemals stattgefunden hatte, legte sich jede der angeheuerten Firmen endgültig auf einen je anderen Täter fest, der jeweils unterschwellig als Hauptverdächtiger vor den Testvorgängen dargestellt worden war.

Ein anderer Grund dafür, dass die meisten Anwender des Tests davon überzeugt sind, dass dieser akkurat funktioniert, hängt wahrscheinlich mit der nicht zu leugnenden Tatsache zusammen, dass der Polygraph zumindest für eine Sache gut ist: das Entlocken von Geständnissen, insbesondere dann, wenn die Verdächtigen den Test nicht bestehen. Man kann also sagen, dass Anwender des Polygraphen selektiv solchen Situationen ausgesetzt sind, in denen jemand den Test nicht besteht und später zugibt, gelogen zu haben. Schlimmer noch nehmen diese Prüfer häufig an, dass Menschen, die durch den Test durchfallen und nicht zugeben, dass sie das Verbrechen begangen haben, Lügner sein müssen. Also scheint der Test praktisch unfehlbar zu sein: Wenn die Person durchfällt und danach zugibt, gelogen zu haben, hat der Test funktioniert. Und wenn die Person durchfällt und nicht zugibt, gelogen zu haben, hat der Test auch funktioniert. Wenn eine Person den Test besteht, wird sie natürlich in nahezu allen Fällen aussagen, sie hätte die Wahrheit gesagt, so dass der Test auch in diesem Fall funktioniert hat. Diese „Bei Kopf gewinne ich, bei Zahl verlierst du“-Argumentation macht es schwierig bis unmöglich, die Grundprinzipien, die dem Polygraphentest zugrunde liegen, zu widerlegen. Sir Karl Popper (1963), seines Zeichens Philosoph und Wissenschaftstheoretiker, schrieb, dass nicht widerlegbare Behauptungen unwissenschaftlich seien.

In einer ausführlichen Besprechung kritisierte das National Research Council die Grundprinzipien, welchen der Vergleichsfragentest unterliegt, sowie die Studien, die die Effektivität des polygraphischen Testverfahrens unterstützen. Bei den meisten Studien handele es sich nicht um Feldstudien – also Studien zu realen Verbrechen mit einer großen Anzahl an Verdächtigen –, sondern um Laboruntersuchungen, in denen eine geringe Anzahl von Collegestudenten Pseudoverbrechen ausübten, wie beispielsweise das Stehlen einer Geldbörse. In den wenigen Feldstudien waren die Untersucher durch externe Informationen voreingenommen (zum Beispiel durch Berichte aus Tageszeitungen, die sich bereits auf einen Täter festgelegt hatten). Das machte es unmöglich zu unterscheiden, ob das Urteil der Untersuchenden auf Sachverhalten oder auf Ergebnissen des polygraphischen Testverfahrens beruhte. Des Weiteren wurde Versuchsteilnehmern in der Regel nicht beigebracht, wie sie Gegenmaßnahmen während des Tests einsetzen können, also Strategien, mit denen sie den Test hätten boykottieren können. Als Gegenmaßnahme können die Probanden während der Vergleichsfragen absichtlich ihre physiologische Erregung steigern, indem sie sich beispielsweise auf die Zunge beißen oder schwierige Aufgaben im Kopf ausrechnen. Informationen zu Gegenmaßnahmen sind generell leicht zugänglich und im Internet zum Beispiel weit verbreitet. Sie verringern die Effektivität des Lügendetektortests bei seiner Anwendung in der realen Welt ganz gewiss.

Mythenkiller: Ein genauer Blick

Handelt es sich bei einem Wahrheitsserum um einen Lügendetektor?

Wie sich im Verlauf des Kapitels gezeigt hat, ist der Lügendetektor keinesfalls ein perfektes Werkzeug, um die Wahrheit von Lügen zu unterscheiden. Könnte ein Wahrheitsserum besser sein? Bereits 1923 wurde das Wahrheitsserum in einem Artikel eines medizinischen Journals als „Lügendetektor" bezeichnet. In vielen Filmen, beispielsweise *Jumpin' Jack Flash* (1986), *True Lies – Wahre Lügen* (1994), *Meine Braut, ihr Vater und ich* (2000) und *Johnny English – Der Spion, der es versiebte*, fangen Charaktere, die etwas verheimlicht hatten, plötzlich an, die Wahrheit zu sprechen, und zwar nichts als die Wahrheit, nachdem sie einen großen Schluck Wahrheitsserum zu sich genommen haben. Staatliche Geheimdienste wie die CIA und der ehemalige sowjetische KGB verwendeten wahrscheinlich jahrzehntelang Wahrheitsseren bei Verhören von Spionen. Sogar im Jahr 2008 verwendete die indische Polizei ein Wahrheitsserum bei der Befragung von Azam Kasir Kasab, dem einzigen überlebenden Terroristen des verheerenden Anschlags in Mumbai/Indien. Seit den 1920er Jahren haben Psychotherapeuten gelegentlich Wahrheitsseren angewandt, um verschüttete Erinnerungen an Traumata auszugraben. Die Anschuldigungen des sexuellen Missbrauchs gegen Michael Jackson entstanden erst, nachdem ein Anästhesist dem 13-jährigen Jordan Chandler ein Wahrheitsserum verabreicht hatte. Bevor der Jugendliche das Serum getrunken hatte, hatte er bestritten, von Jackson sexuell missbraucht worden zu sein.

Genauso wie der Lügendetektor trägt auch das Wahrheitsserum einen inhaltlich falschen Namen. Bei den meisten Wahrheitsseren handelt es sich um Barbiturate wie Amobarbital oder Thiopental. Weil die Auswirkungen von Barbituraten denen von Alkoholika weitgehend ähnlich sind, sind die Effekte eines Wahrheitsserums denen sehr ähnlich, die auftreten, wenn man sich einige hochalkoholische Getränke genehmigt hat. Wie Alkohol auch machen uns Barbiturate schläfrig und weniger besorgt über unser äußeres Erscheinungsbild. Und genauso wie Alkohol kann ein Wahrheitsserum nicht die Wahrheit ans Tageslicht bringen. Es verringert lediglich unsere Hemmungen, was die Wahrscheinlichkeit erhöht, dass wir wahre und falsche Informationen von uns geben. Folglich erhöht die Einnahme eines Wahrheitsserums das Risiko falscher Erinnerungen und falscher Geständnisse. Außerdem gibt es guten Grund zu der Annahme, dass man auch unter Einfluss eines Wahrheitsserums lügen kann (Piper, 1993). Lässt man also Hollywood mal außer Acht, so sind Wahrheitsseren genauso wenig dazu geeignet, Lügen aufzudecken, wie Lügendetektoren.

Unter diesen Umständen verhielt sich das National Research Council zurückhaltend bei der Einschätzung der Genauigkeit des Vergleichsfragentests. David Lykken (1998) beschrieb eine Genauigkeit von 85% bei schuldigen untersuchten Personen und 60% bei unschuldigen Teilnehmern als eine eher wohlgesinnte Auslegung. Dass 40% der ehrlichen Untersuchten betrügerisch erscheinen, bietet besonders wenig Schutz für die unschuldigen Verdächtigen. Dieses Problem wirkt sich besonders dann aus, wenn Testleiter das polygraphische Testverfahren bei zu vielen Verdächtigen anwenden. Wenn man den Fall annimmt, dass sachdienliche Erkenntnisse durchgesickert sind und Indizien dafür sprechen, dass einer von 100 Arbeitnehmern für diesen Umstand verantwortlich ist, der Zugang zu diesen Informationen hatte, dann gäbe es bei der Anwendung eines Vergleichsfragentests die Chance von 85%, dass man den Schuldigen ausfindig macht. Allerdings würden 40 weitere Arbeitnehmer fälschlicherweise ebenfalls des Verrats beschuldigt! Diese Zahlen sind sehr beunruhigend, wenn man bedenkt, dass das Pentagon kürzlich seine Bemühungen verstärkt hat, alle seine 5700 derzeitigen sowie seine zukünftigen Mitarbeiter überprüfen zu lassen. Mitunter soll dies geschehen, um das Risiko einer Infiltration durch Terroristen zu verhindern.

Dennoch bleiben polygraphische Testverfahren ein beliebtes Thema der Öffentlichkeit. Eine Umfrage hatte zum Ergebnis, dass 67% der Amerikaner aus der allgemeinen Öffentlichkeit den Polygraphen als entweder „zuverlässig" oder „nützlich" beim Aufdecken von Lügen bewerteten, auch wenn die meisten ihn nicht als unfehlbar einschätzten. Eine Umfrage unter Erstsemesterstudierenden des Faches Psychologie ergab, dass 45% der Befragten glaubten, dass der Polygraph „Versuche zu lügen akkurat identifizieren könne". Außerdem wurden polygraphische Testverfahren in mehr als 30 Filmen und Fernsehsendungen prominent in Szene gesetzt, normalerweise ohne jeglichen Hinweis auf seine Mängel. Bis zu den 1980er Jahren wurden polygraphische Testverfahren in den USA geschätzte 2 Millionen mal pro Jahr angewendet.

Weil ihre begrenzte Validität immer mehr Aufmerksamkeit bekommt, werden Polygraphen nur noch selten bei Gerichtsverhandlungen eingesetzt. Zudem verbietet es der staatliche *Employee Polygraph Protection Act*, der 1988 von der Regierung erlassen wurde, den meisten Arbeitgebern, Lügendetektoren anzuwenden. Bizarrer- und ironischerweise hat die Regierung sich jedoch selbst freigestellt, polygraphische Testverfahren bei der Strafverfolgung, beim Militär und im Sicherheitsbereich zur Anwendung zu bringen. Der Polygraph ist also nicht vertrauenerweckend genug, um bei der Einstellung von Supermarktangestellten eingesetzt zu werden, Beamte dürfen ihn jedoch nutzen, um Arbeitnehmer des FBI und der CIA zu überprüfen.

Würde er noch leben, so wäre William Moulton Marston sicherlich enttäuscht, wenn er feststellen müsste, dass Forscher es noch nicht geschafft haben, ein psychologisches Äquivalent zu *Wonder Woman's* magischem Lasso zu entwickeln. Zumindest für die nähere Zukunft ist das Versprechen, den perfekten Lügendetektor zu gestalten, noch Stoff für Science-Fiction- und Fantasy-Geschichten.

Irrtum 18 Zufriedenheit wird in der Regel durch äußere Einflüsse bedingt

Wie Jennifer Michael Hecht (2007) in ihrem Buch *The Happiness Myth* anmerkte, hatte bereits jede Generation ihren Anteil an todsicheren Methoden, ihre ultimative Zufriedenheit zu erlangen. Aus dem Blickwinkel des 21. Jahrhunderts mag uns die eine oder andere Modeerscheinung durchaus bizarr erscheinen. Durch die Jahrhunderte hindurch versuchten zum Beispiel unzählige Menschen mit einem scheinbar endlos erscheinendem Angebot an vermeintlichen Aphrodisiaka wie Rhinozeroshorn, Spanischer Fliege, Chilischoten, Schokolade, Austern oder zuletzt grünen M&Ms ihr Sexualleben zu verbessern. Die Forschung zeigt jedoch, dass keiner dieser angeblichen „Libido-Lifter" irgendetwas außer einem Placeboeffekt bewirkt. Im späten 19. Jahrhundert war das „Fletschern“ in den USA der absolute Renner: Glaubt man Profis dieses diätetischen Wahns, sollte es uns Glückseligkeit und Gesundheit bringen, wenn wir jedes Nahrungsmittel genau 32-mal kauten – also eine Kaubewebung je Zahn. Die eine oder andere Modeerscheinung zur Erreichung von Zufriedenheit wird den Menschen des 22. Jahrhunderts wohl ähnlich seltsam vorkommen. Wie werden zukünftige Generationen es finden, dass manche von uns ihr hart verdientes Geld für Aromatherapie, Feng Shui (die chinesische Praxis, Objekte in Räumen so zu arrangieren, dass sie zu unserer Zufriedenheit beitragen), Motivationstrainer oder stimmungsaufhellende Heilsteine investieren?

Alle diese Modeerscheinungen spiegeln einen zugrundeliegenden wesentlichen Grundsatz wider, der in der populären Psychologie zentral ist: Unsere Zufriedenheit wird weitestgehend von externen Einflüssen bestimmt. Um Zufriedenheit zu erlangen, so heißt es, müssen wir die richtige „Formel“ für unser Glück finden, das in erster Linie außerhalb von uns existiert. Sehr häufig enthält diese Formel großen Geldbesitz, ein fantastisches Haus, einen tollen Beruf und jede Menge schöner Erlebnisse. Bereits im 18. Jahrhundert hielten die britischen Philosophen John Locke und Jeremy Bentham fest, die Zufriedenheit der Menschen stehe in einem direkten Zusammenhang mit der Anzahl der positiven Erlebnisse, die diesen widerfahren seien. Heute muss man nur noch Amazon.de aufrufen, um über eine Fundgrube von Ratgebern zu stolpern, die uns erklären, wie man durch Reichtum zu Zufriedenheit kommt. Als Beispiele seien genannt Laura Rowleys (2005) Buch *Money and Happiness: A Guide to Living the Good Life*, Eric Tysons Titel (2006) *Mind over Money: Your Path to Wealth and Happiness* und M. P. Dunleavys Publikation *Money Can Buy Happiness: How to Spend to Get the Life You Want.* Wie der amerikanische Sozialkritiker Erich Hoffer ironisch kommentierte: „Sie können niemals genug von dem bekommen, was Sie gar nicht brauchen, um glücklich zu werden.“

Bereits vor über 200 Jahren hat Amerikas erste First Lady, Martha Washington, eine vollkommen andere Sichtweise als die heutige moderne Ansicht vertreten: „Der größere Teil unserer Zufriedenheit oder unseres Elends hängt von unseren Dispositionen ab, nicht von unseren Umständen.“ In den letzten Jahrzehnten haben Psychologen tatsächlich begonnen, die Binsenwahrheit in Frage zu stellen, dass unsere Zufriedenheit am ehesten mit den Dingen in Zusammenhang steht, die uns widerfahren. Der

Psychologe Albert Ellis (1977) bestand darauf, dass eine der gängigsten – und schädlichsten – aller irrationalen Ideen die Vorstellung sei, dass unsere Zufriedenheit und unsere Unzufriedenheit eher von unseren externen Umständen abzuleiten seien als von unseren Interpretationen derselben. Ellis zitierte dazu gerne aus Shakespeares *Hamlet*: „Denn an sich ist nichts weder gut noch schlimm, das Denken macht es erst dazu." Der Psychologe Michael Eysenck (1990) beschrieb als am weitesten verbreiteten Irrtum bezüglich der Zufriedenheit die Annahme, dass „das Level der eigenen Glückseligkeit nur von der Anzahl und Art der angenehmen Erlebnisse abhängt, die Ihnen passieren" (S. 120).

Noch immer sind viele von uns resistent gegenüber der Idee, dass unsere Zufriedenheit eher von unseren Persönlichkeitsmerkmalen und Einstellungen als von unseren Lebenserfahrungen beeinflusst wird. Besonders immun sind wir außerdem gegenüber der Annahme, dass unsere Zufriedenheit entscheidend von unserem Erbgut abhängig ist. Bei einer Umfrage gaben 233 Gymnasiasten und Collegestudenten eine niedrige Bewertung (2,58 auf einer Skala von 1 bis 7) bei dem Element an, das die wahrgenommene Bedeutung der Gene in Bezug auf Zufriedenheit messen sollte.

Lag Martha Washington mit ihrer Einschätzung richtig, dass „der größere Teil unserer Zufriedenheit oder unseres Elends von unseren Dispositionen abhängt, nicht von unseren Umständen"? Bei der Einschätzung dieser Frage sollten wir zwei provokante Erkenntnisse betrachten. Erstens untersuchten Ed Diener und Martin Seligman mehr als 200 Studenten bezüglich ihrer Zufriedenheit und verglichen dann die oberen 10% (die „extrem glücklichen") mit den mittleren und unteren 10%. Die extrem glücklichen Studenten hatten keine größere Anzahl an objektiv positiv bewertbaren Gegebenheiten wie gute Leistungen bei Prüfungen oder besonders tolle Dates erlebt als die anderen beiden Gruppen. Zweitens verfolgten der Nobelpreisträger Daniel Kahneman and seine Kollegen die Stimmungen und Aktivitäten von 909 angestellten Frauen, die sie gebeten hatten, für die Untersuchung ihre Erlebnisse des Vortages detailgetreu niederzuschreiben. Sie fanden heraus, dass die wichtigsten Lebensumstände, darunter das Einkommen und verschiedene Eigenschaften der Berufe der Frauen (zum Beispiel, ob ihre Jobs gute Sachbezüge beinhalteten), nur wenig mit ihrer erlebten Zufriedenheit korrelierten. Im Gegensatz dazu dienten die Schlafqualität und die Neigung zu depressiven Störungen als wesentlich bessere Prädiktoren für ihre Zufriedenheit.

Andere Forschungsarbeiten haben Belege dafür gefunden, was Philip Brickman und Donald Campbell (1971) die *hedonic treadmill*, also das hedonistische Laufband, genannt haben. Genauso wie wir zügig unsere Geh- bzw. Laufgeschwindigkeit an die des Laufbands anpassen (wenn wir das nicht tun, landen wir mit dem Gesicht voran am Boden), so gleichen wir auch unsere Stimmung an aktuelle Lebensumstände an. Die Theorie des hedonistischen Laufbands stimmt mit der Forschung überein, die zeigt, dass Bewertungen von Zufriedenheit bei eineiigen Zwillingen weitaus mehr übereinstimmen als bei zweieiigen Zwillingen. Dieses Untersuchungsergebnis deutet auf einen genetischen Einfluss in Bezug auf Zufriedenheit hin und lässt es als möglich erscheinen, dass wir alle mit einer Basisausstattung bezüglich einer charakteristischen Zufriedenheit geboren wurden, also einem Grundniveau an Zufriedenheit, von welchem aus wir auf- und abgleiten in Reaktion auf kurzfristige Lebensumstände und zu dem wir jedes Mal zurückkehren, wenn wir uns an die neuen Lebensumstände angepasst haben.

Weitere Nachweise für das hedonistische Laufband stammen aus Studien an Probanden, die entweder (1) extrem positive oder (2) extrem negative, sogar tragische Lebenserfahrungen gesammelt haben. Man könnte erwarten, dass die erstgenannte Gruppe die glücklichere der beiden sein müsste. Das ist sie auch – aber meist nur für eine überraschend kurze Zeit. Zum Beispiel sind Lottogewinner ab dem Zeitpunkt des Erfolgs unglaublich glücklich, jedoch sinkt der Grad ihrer Glückseligkeit auf ihren Ursprungswert – und zugleich grundsätzlichen Durchschnittswert – ungefähr zwei Monate nach dem Ereignis wieder ab. Die meisten Paraplegiker – das sind Menschen, die hüftabwärts gelähmt sind – kehren weitestgehend, wenn auch nicht gänzlich, zu ihrem ursprünglichen Grundniveau an Zufriedenheit zurück, wenn der Unfall einige Monate zurückliegt. Und auch wenn junge Professoren, denen man eine feste Professur verwehrt (was effektiv bedeutet, dass ihre akademische Laufbahn einen erheblichen Knick bekommt), verständlicherweise niedergeschmettert sind, wenn sie diese Neuigkeit erfahren, sind sie ein paar Jahre später in der Regel genauso zufrieden wie die jungen Professoren, die eine Festanstellung erhalten haben. Die meisten Menschen passen sich ihren Lebensumständen relativ schnell an, an gute wie auch schlechte.

Die Forschung stellt auch die weit verbreitete Meinung in Frage, dass man sein Glück mit Geld kaufen kann. Eine Illustration der augenfälligen

Kluft zwischen Geld und Zufriedenheit zeigt die durchschnittliche Lebenszufriedenheit der 400 reichsten Amerikaner, die im *Forbes*-Magazin aufgelistet werden. Diese betrug 5,8 Punkte auf einer Skala von 1 bis 7. Die Durchschnittszufriedenheit der Amish in Pennsylvania lag jedoch ebenfalls bei 5,8 Punkten, trotz der Tatsache, dass ihr Durchschnittsjahreseinkommen mehrere 100 Millionen Dollar unter dem der 400 reichsten Amerikaner liegt. Es entspricht der Wahrheit, dass uns *genug* Geld zur Verfügung stehen muss, um komfortabel leben zu können. Liegt das Haushaltseinkommen unter einer Summe von $ 50 000, ist es in Maßen mit der vorherrschenden Zufriedenheit in Verbindung zu setzen. Das liegt wahrscheinlich daran, dass es schwierig ist, glücklich zu sein, wenn man sich ständig Sorgen darum machen muss, ob man jeden Monat genügend Geld für Essen und Miete zur Verfügung hat. Liegt das Haushaltseinkommen jedoch über $ 50 000, so verschwindet die Grenze zwischen Geld und Zufriedenheit nahezu. Dies hinderte Major-League-Baseball-Spieler, deren Durchschnittsjahresgehalt bei $ 1,2 Millionen liegt, jedoch nicht daran, 1994 für ein höheres Einkommen in Streik zu treten.

Dennoch lag Martha Washington mit ihrer Einschätzung wahrscheinlich ein bisschen daneben. Bestimmte folgenschwere Lebenserfahrungen können unsere Zufriedenheit langfristig positiv oder negativ beeinflussen, wenn auch weniger stark als man annehmen würde. Lässt man sich beispielsweise scheiden, verliert seinen Lebenspartner oder seinen Arbeitsplatz, scheint das zu andauernder und manchmal bleibender geringerer Zufriedenheit zu führen. Aber selbst nach einer Scheidung oder dem Verlust des Ehepartners passen sich viele Menschen auf Dauer der neuen Situation zufriedenstellend an.

Tatsache ist also, dass unsere Lebensumstände unsere Zufriedenheit kurzfristig beeinflussen können, der größere Teil unseres Glücks langfristig jedoch ziemlich unabhängig von dem ist, was uns im Leben widerfährt. Noch viel mehr, als wir es uns gerne eingestehen möchten, ist Glück im gleichen Maß von unseren Lebensumständen abhängig wie von dem, was wir aus unserem Leben machen. Wie der Psychologe und Zufriedenheitsexperte Ed Diener anmerkte: „Eine Person erlebt angenehme Gefühle, weil sie glücklich ist, nicht andersherum“ (zitiert aus Eysenck, 1990, S. 120).

Irrtum 19 Eine positive Einstellung kann Krebs besiegen

Ist Krebs eine Frage der Einstellung? Vielleicht entstehen gute Voraussetzungen für wildes Zellwachstum und Krebserkrankungen in unseren Körpern, wenn wir negativ denken, pessimistisch sind und viel Stress haben. Wenn dem so ist, dann könnten Selbsthilfebücher, persönliche Bestätigung, das Visualisieren eines krebsfreien Körpers und Selbsthilfegruppen die Kräfte des positiven Denkens wachrütteln und dem Immunsystem helfen, sich gegen den Krebs durchzusetzen.

Etliche gängige Darstellungen preisen die Bedeutung positiver Einstellung und Emotionen als Möglichkeit an, um das unbarmherzige Fortschreiten von Krebserkrankungen zu stoppen. Diese Botschaft beinhaltet aber auch eine subtile negativere Aussage: Wenn eine positive Einstellung so viel bewirken kann, dann könnte es ja sein, dass gestresste Menschen mit einer weniger guten Haltung sich selbst und der Welt gegenüber selbst an ihrer Krebserkrankung schuld sind. Die Tatsache oder die Unterstellung der Verbindung zwischen Krebs und der Einstellung sowie den Gefühlen des Patienten auf der einen Seite und Krebserkrankungen auf der anderen Seite trägt daher wichtige Konsequenzen für die jedes Jahr weltweit 12 Millionen mit Krebs diagnostizierten Menschen und denjenigen, die sich im Kampf gegen die Erkrankung engagieren, in sich.

Bevor wir nun die wissenschaftlichen Beweise zu Rate ziehen, möchten wir ein paar weit verbreitete Informationsquellen über psychische Faktoren untersuchen, die Krebs verursachen oder heilen sollen. Dr. Schivani Goodman, Autorin des 2004 erschienenen Buches *9 Steps for Reversing or Preventing Cancer and Other Deseases*, schrieb, dass sie eines Tages plötzlich Sinn in ihrer Brustkrebserkrankung sah. Als sie noch ein Kind war, hörte sie ihren Vater jeden Morgen das folgende jüdische Gebet aufsagen: „Danke, Gott, dass Du mich keine Frau hast werden lassen" (S. 31). Ihre Offenbarung bestand darin, dass ihre Brüste ihr Symbol der Weiblichkeit waren und dass sie es unbewusst ablehnte, eine Frau zu sein, zusammen mit der Auffassung, ein Recht auf Leben zu haben (S. 32). Nachdem sie ihre giftige Einstellung identifiziert hatte, behauptete sie, diese in eine heilende Haltung zu ändern, die ihr von nun an eine strahlende Gesundheit beschaffen würde (S. 32).

Ähnlich rühmt sich Louise Hay in ihrem Buch *Gesundheit für Körper und Seele* (1989) dessen, sie habe ihren Vaginalkrebs mit positiven Gedanken geheilt. Hay vertrat die Meinung, dass sie diesen Krebs nur entwickelt habe, weil sie als Kind sexuell missbraucht worden war. Ihre Empfehlungen, Selbstbestätigungen wie „Ich verdiene nur das Beste, ich akzeptiere es jetzt" vor sich hinzuleiern, stammten aus ihrem Glauben, dass Gedanken Realität erschaffen können. Rhonda Byrne, Autorin des 2007 erschienenen Bestsellers *The Secret – Das Geheimnis* (von dem über 7 Millionen Exemplare verkauft wurden), gab eine ähnliche Botschaft zum Besten. Sie bezog sich auf das Märchen einer Frau, die sich selbst geheilt hatte, indem sie sich vorstellte, sie sei bereits frei von Krebs, nachdem sie jede medizinische Behandlung abgelehnt hatte. Glaubt man Byrne, so ziehen wir negative Erlebnisse an, indem wir negativ denken. Wenn wir aber positive Gedanken denken, können wir uns selbst von seelischen und physischen Leiden befreien. Nachdem Oprah Winfrey *The Secret* im Jahr 2007 in ihrer beliebten Fernsehsendung angepriesen hatte, entschied sich eine Zuschauerin dazu, die ihr empfohlene medizinische Behandlung zu beenden und ihre Krankheit stattdessen mit positiven Gedanken zu heilen (in einer späteren Sendung warnte Oprah Winfrey ihre Zuschauer davor, dem Weg dieser Dame zu folgen). In seinem Buch *Die heilende Kraft* (1990) behauptete der Selbsthilfeguru Deepak Chopra, dass Patienten eine vollständige Remission erreichen können, wenn ihr Bewusstsein dazu übergehe, die Möglichkeit anzunehmen, dass sie geheilt werden können. Mit dieser Veränderung würden die Zellen in ihren Körpern ihre „Intelligenz" aktivieren und gegen den Krebs ankämpfen.

Das Internet schwappt förmlich vor lauter Vorschlägen über, wie man mit heilenden Visualisierungen eine positive Einstellung gewinnen kann, ganz zu schweigen von den Berichten über geheimnisvolle Spontanheilungen von Leuten, die den Sinn ihres Lebens erkannt und so ihre turbulenten Gefühle besänftigt oder Visualisierungsübungen ausgeführt hatten, um ihre Kraft für positive Gedanken und zur Reduktion von Stress nutzbar zu machen. Die Internetseite *Healing Cancer & Your Mind* schlägt zum Beispiel vor, dass Betroffene sich vorstellen, dass (a) Armeen weißer Blutkörperchen den Krebs angreifen und besiegen, (b) weiße Blutkörperchen als Ritter auf weißen Pferden durch ihren Körper reiten und dabei die Krebszellen zerstören und (c) der Krebs eine dunkle Farbe hat, die während dieses Prozesses immer heller wird, bis sie dieselbe Farbe hat wie das umliegende Gewebe.

Selbsternannte „Heiler" bieten im Internet Gebrauchsanleitungen und Ratschläge dazu an, wie man seinen Krebs besiegen kann. Brent Atwater, der von sich behauptet, ein „Medical Intuitive und Distant Energy Healer" zu sein, schrieb eine Anleitung mit dem Titel „Help Survive Your Cancer Experience“, die folgende Tipps enthält:

(1) Trennen SIE Ihre Identität von der Identität des Krebses.
(2) Sie sind eine Person, die eine „Krebserfahrung“ macht. Erkennen Sie, dass Erfahrungen kommen und gehen.
(3) Ihre „Krebserfahrung“ ist der Resetknopf Ihres Lebens! Lernen Sie daraus.

Nur wenige Menschen würden den Gedanken ablehnen, dass es ein wertvolles Ziel ist, während einer derartig schweren Situation zwischen Leben und Tod eine positive Einstellung aufrechtzuerhalten. Viele weit verbreitete Medien legen jedoch nahe, dass eine positive Einstellung und die Reduktion von Stress dabei helfen können, den Krebs zu besiegen oder sein Wachstum zumindest zu verlangsamen. Gibt es aber auch Beweise für diese Behauptung? Viele Menschen, die einmal an Krebs erkrankt waren, glauben das sicherlich. Von einer untersuchten Gruppe von Frauen, die für mindestens zwei Jahre an Brustkrebs, einem Ovarialkarzinom, einem Endometriumkarzinom oder Gebärmutterhalskrebs erkrankt waren und überlebt haben, berichteten zwischen 42% und 63%, dass sie glaubten, ihre Krebserkrankungen seien durch Stress ausgelöst worden. Zwischen 60% und 94% glaubten, sie seien aufgrund ihrer positiven Einstellung wieder gesund geworden. Die Ergebnisse dieser Studien zeigen, dass mehr Frauen glaubten, ihr Krebs sei durch Überbelastung als durch eine Reihe anderer Einflüsse wie Erbanlage, Umwelteinflüsse oder Ernährung verursacht worden.

Metaanalysen von Studien zeigen jedoch ein anderes Bild. Sie widersprechen der weit verbreiteten Annahme, dass Stress auslösende Erlebnisse und Krebs zusammenhängen. Die meisten Studien machen deutlich, dass es keinerlei Zusammenhang zwischen Stress, Emotionen und Krebserkrankungen gibt. Interessanterweise zeigte eine Studie zum Thema Stress im Beruf mit 37 562 amerikanischen Krankenschwestern, die man acht Jahre lang untersucht hat (1992–2000), dass die Frauen, die im Beruf regelmäßig unter hohem Stress standen, ein um 17% niedrigeres Risiko hatten, an Brustkrebs zu erkranken verglichen mit Frauen, die beruflich relativ wenig Stress ausgesetzt waren. Forscher, die in Kopenhagen 6689 Frauen über mehr als 16 Jahre im Zuge einer Studie beobachteten, stellten fest, dass Frauen, die berichteten, sehr gestresst zu sein, ein um 40% niedrigeres Risiko hatten, an Krebs zu erkranken als Frauen, die berichteten, nur geringfügig unter Stress zu stehen. Die Idee von einer „zu Krebs neigenden Persönlichkeit“, die früher einmal weit verbreitet war und eine Mischung aus Persönlichkeitsmerkmalen wie geringe Durchsetzungsfähigkeit, Schüchternheit und Konfliktvermeidung beinhalten sollte, wurde von kontrollierten Studien ebenfalls widerlegt.

Forscher konnten auch keine Beweise dafür liefern, dass es einen Zusammenhang zwischen positiver Einstellung oder emotionalen Zuständen und dem Überleben von Krebserkrankungen gibt. Über einen Zeitraum von neun Jahren verfolgten James Coyne und seine Mitarbeiter 1093 Patienten mit Tumorerkrankungen im Kopf- und Halsbereich im fortgeschrittenem Stadium, die unter nicht streuendem Krebs litten. Betroffene, die Aussagen wie „Ich verliere meine Hoffnung im Kampf gegen meine Erkrankung“ äußerten, lebten keinesfalls weniger lang als Patienten mit einer positiven Einstellung. Kelly-Anne Phillips und ihre Kollegen (2008) beobachteten 708 Australierinnen mit neu diagnostiziertem Brustkrebs über einen Zeitraum von acht Jahren. Sie stellten fest, dass negative Gefühle wie Depressionen, Angst oder Wut wie auch negative Einstellungen absolut keine Auswirkung auf die Lebenserwartung der Patientinnen hatten.

Diese und ähnliche Ergebnisse legen nahe, dass Psychotherapie und Selbsthilfegruppen, die sich auf die Adaptierung der Einstellung und Gefühle fixieren, den Fortschritt einer Krebserkrankung wahrscheinlich nicht aufhalten oder verlangsamen können. Die vom Psychiater David Spiegel und seinen Kollegen veröffentlichte Studie, die sich mit geheilten Brustkrebspatienten befasst, hat ein anderes Ergebnis. Die Forscher fanden heraus, dass Frauen mit metastasenbildendem Brustkrebs, die an Sitzungen von Selbsthilfegruppen teilnahmen, nach der Diagnosestellung noch beinahe doppelt so lange lebten wie Frauen, die dies nicht taten, nämlich 36,6 Monate im Vergleich zu 18,9 Monaten. Gleichwohl konnten Forscher in den folgenden zwei Dekaden diese Versuchergebnisse nicht replizieren. Die akkumulierten Daten aus Psychotherapie und Selbsthilfegruppen zeigen, dass psychologische Intervention und die Teilnahme an Selbsthilfegruppen die Lebensqualität der Betroffenen verbessern, ihre Lebensdauer jedoch nicht verlängern können.

Warum also ist die Annahme, dass eine positive Einstellung Krebs besiegen kann, so weit verbreitet? Zum Teil liegt es sicher daran, dass diese Mutmaßung den Menschen Grund zur Hoffnung bietet, besonders denjenigen, die sie am verzweifelsten suchen. Außerdem ist es gut möglich, dass Überlebende, die den positiven Ausgang ihrer Krebserkrankung ihrer positiven Einstellung zuschreiben, einem Post-hoc-Fehlschluss zum Opfer fallen (siehe Einleitung, S. 30). Die Tatsache, dass jemand seine positive Einstellung aufrechterhalten konnte, bevor sein Krebs geheilt wurde, bedeutet nicht, dass diese Einstellung die Heilung hervorgerufen hat. Die Verbindung kann auf Zufall beruhen.

Und schließlich hören wir wahrscheinlich häufiger von Fällen, bei denen Menschen ihre Krebserkrankung mit einer positiven Einstellung bekämpft haben, als von solchen, bei denen die Betroffenen trotz ihrer positiven Einstellung an Krebs gestorben sind. Die erstgenannten Fälle bieten einfach interessantere Geschichten für Magazine und Talkshows.

Auch wenn Visualisierungen, Affirmationen und nicht belegbare Ratschläge aus dem Internet wahrscheinlich keinen Krebs heilen oder abwehren können, heißt das nicht, dass eine positive Einstellung den Umgang mit dieser Erkrankung nicht erleichtern kann. Krebserkrankte können sich selbst in Bezug auf ihre körperlichen und seelischen Beschwerden Linderung verschaffen, indem sie medizinische und psychologische Hilfe annehmen, sich mit ihrer Familie und ihren Freunden eng verbinden und die schönen Momente des Lebens genießen. Und im Gegensatz zu der weit verbreiteten Annahme können Betroffene ein hohes Maß an Trost in den nachgewiesenen Untersuchungsergebnissen finden, die besagen, dass ihre Einstellung ganz sicher nichts mit ihrer Erkrankung zu tun hat.

7 Das soziale Tier

Irrtümer über zwischenmenschliches Verhalten

Irrtum 20 Gegensätze ziehen sich an: Wir fühlen uns am häufigsten zu Menschen hingezogen, die sich von uns unterscheiden

Es ist der Stoff, aus dem viele Hollywoodfilme gemacht sind, an die wir uns alle gewöhnt haben und die wir zu schätzen gelernt haben. Wir können sie quasi auswendig erzählen. Holen Sie Ihr Popcorn und Ihre Cola, denn gleich geht der Vorhang auf und der Film beginnt.

Szene 1: Die Kamera schwenkt auf ein kleines, schmuddeliges und unaufgeräumtes Schlafzimmer. Dort sehen wir einen moderat übergewichtigen, ziemlich ungepflegten Mann mit schütterem Haar namens Joe KriegtkeinDate. Joe ist 37 Jahre alt, schüchtern, ein Sonderling und ohne einen Deut von Selbstbewusstsein. Bis vor kurzem hat er als Bibliothekar gearbeitet, aber jetzt ist er arbeitslos. Joe hat seit drei Jahren kein Date gehabt und er fühlt sich hoffnungslos und einsam.

Szene 2: Eine Stunde später, als Joe seine Wohnung verlässt, prallt er (im wahrsten Sinne des Wortes) auf eine unglaublich gut aussehende 25 Jahre alte Frau mit dem Namen Candice BlondesGift. Bei dem Unglück wirft Joe alle Einkaufstüten von Candice auf den Boden und kniet sich hin, um ihr beim Einsammeln ihrer Habseligkeiten zu helfen. Wie soll es anders sein: Candice ist nicht nur wunderschön, sondern auch aufgeschlossen, zwischenmenschlich kompetent und total beliebt. Sie arbeitet in Teilzeit als Kellnerin in einem hochpreisigen Restaurant und verbringt einen großen Teil ihrer übrigen Zeit damit, für ein Modelabel zu modeln. Im Gegensatz zu Joe, dessen politische Einstellung eher konservativ ist, handelt es sich bei Candice um eine überzeugte Liberale. Kleinlaut fragt Joe Candice, ob sie sich mit ihm verabreden möchte, und blamiert sich dabei noch weiter, weil er sich am laufenden Band verhaspelt. Candice lacht und erzählt Joe, dass sie in einer Beziehung mit einem berühmten Star (Brad Crowe-Cruise) ist und niemanden sonst treffen kann.

Szene 50: 48 Szenen, 2 ½ Stunden und drei Tüten Popcorn später, hat Joe (der 6 Monate später noch einmal mit Candice zusammenstößt, dieses Mal allerdings im Restaurant, wobei er das Geschirr, das sie gerade trägt, zu Boden wirft) es irgendwie geschafft. Er konnte Candice, die gerade ihre Beziehung zu Brad Crowe-Cruise beendet hat, für sich gewinnen. Candice, die zunächst von Joes Äußerem und von seinem seltsamen Verhalten abgeschreckt worden war, findet sein teddyartiges Aussehen nun liebenswert und vollkommen unwiderstehlich. Joe fällt auf seine Knie und macht Candice einen Antrag, den sie natürlich annimmt. Der Abspann läuft, der Vorhang schließt sich und Sie wischen sich die Tränen mit einem Taschentuch aus dem Gesicht.

Wenn Ihnen dieser Handlungsstrang ziemlich bekannt vorkommt, dann liegt das vor allem daran, dass die Idee, dass Gegensätze sich anziehen, ein Standardgrundsatz unserer Kultur geworden ist. Filme, Romane und Fernseh-Sitcoms schwappen förmlich über vor Geschichten von diametral gegensätzlichen Menschen, die sich leidenschaftlich ineinander verlieben. Es gibt sogar eine Internetseite, die sich nur mit „Gegensätze ziehen sich an"-Filmen wie beispielsweise *e-m@il für Dich* (1998) mit Tom Hanks und Meg Ryan oder *Manhattan Love Story* (2001) mit Jennifer Lopez und Ralph Fiennes befasst (http://marriage.about.com/od/movies/a/oppositesmov.htm). Der Kassenschlager *Beim ersten Mal* aus dem Jahr 2007 mit Seth Rogen und Katherine Heigl ist möglicherweise die aktuellste Hollywoodproduktion dieser Art in dieser nicht enden wollenden Parade von schlecht zusammenpassenden romantischen Verpaarungen (für die unverbesserlichen Filmfans da draußen: Laut der Internetseite ist der Topfilm unter den „Gegensätze ziehen sich an"-Filmen die Komödie *Es geschah in einer Nacht* aus dem Jahr 1934).

Viele Leute glauben, dass Menschen, die in ihrer Persönlichkeit, ihren Einstellungen und ihrem Aussehen so gegensätzlich sind wie Joe und Candice, einander mit ziemlich hoher Wahrscheinlichkeit anziehend finden. Die Psychologin Lynn McCutcheon (1991) fand heraus, dass 77% der von ihr befragten Studenten der Meinung waren, dass Gegensätze sich in Beziehungen anziehen. In seinem bekannten Buch *So verschieden – doch glücklich verheiratet* informierte der Autor Tim Lahaye seine Leserschaft darüber, dass „zwei Menschen desselben Temperaments einander fast nie heiraten. Warum? Weil gleiche Temperamente sich abstoßen, sie ziehen einander nicht an." Diese Annahme ist auch bei beliebten Internet-Dating-

Gemeinschaften weit verbreitet. Auf einer Internetseite namens „Soulmatch“ hielt Harville Hendrix, promovierter Geisteswissenschaftler, fest: „In meiner Erfahrung ziehen sich *nur* Gegensätze an, weil das die Natur der Realität ist“ (die Kursivierung stammt von Hendrix, nicht von uns). Später ergänzte er: „der große Irrtum unserer Gesellschaft liegt in der Annahme, dass Verträglichkeit eine gute Basis für eine Beziehung ist – in Wahrheit jedoch ist Verträglichkeit eine gute Basis für Langeweile.“ Eine andere Internetseite namens „Dating Tipster“ informiert ihre Besucher darüber, dass „Das Sprichwort ‚Gegensätze ziehen sich an‘ in manchen Fällen definitiv stimmt. Vielleicht ist es die Vielfältigkeit der Unterschiede die eine initiale gegenseitige Anziehung schafft … manche Menschen finden diese Gegensätze aufregend.“

Für die meisten Sprichworte aus der Küchenpsychologie gibt es allerdings auch ein gegensätzliches Sprichwort. Obwohl Sie also unter Garantie den Satz „Gegensätze ziehen sich an“ kennen, ist Ihnen wahrscheinlich der Spruch „Gleich und gleich gesellt sich gern“ genauso geläufig. Welches der beiden Sprichworte lässt sich nun wissenschaftlich besser belegen?

Für Dr. Hendrix sieht es leider schlecht aus. Es scheint, als sei er selbst einem Irrtum aufgesessen. Wenn es um zwischenmenschliche Beziehungen geht, ziehen sich Gegensätze *nicht* an. Stattdessen ist Homophilie (das ist eine schickere Bezeichnung für die Tendenz, dass Menschen, die sich ähneln, einander anziehen) viel eher die Regel als Partner, die einander mit Gegensätzen ergänzen. In dieser Hinsicht liegen Internetseiten wie *Match.com* und *eHarmony.com* richtig, die versuchen, potentielle Partner zueinanderzuführen, die sich in ihrer Persönlichkeit und ihren Einstellungen ähneln (auch wenn es kaum wissenschaftliche Belege darüber gibt, wie erfolgreich diese Internetseiten tatsächlich arbeiten).

In der Tat zeigen Dutzende von Studien, dass Menschen mit ähnlicher Persönlichkeit einander wahrscheinlich viel eher anziehend finden werden als solche mit gegensätzlicher Persönlichkeitsstruktur. Leute mit einer Typ-A-Personalität (also unablässige Antreiber, die konkurrenzbetont, zeitbewusst und feindselig sind) bevorzugen es, mit Personen auszugehen, die ebenfalls zum Typ A gehören. Dasselbe trifft für Menschen des Typs B zu (Menschen dieses Typs sind in der Regel geduldig, entspannt und nicht wettbewerbsorientiert). Dieselben Regeln treffen übrigens auch auf Freundschaften zu. Die Wahrscheinlichkeit, dass wir etwas mit Leuten mit einer ähnlichen Persönlichkeit unternehmen, ist also deutlich höher, als dass wir unsere Zeit mit Leuten mit einer gegensätzlichen Persönlichkeit verbringen.

Die Ähnlichkeit von Charakterzügen ist nicht nur ein guter Prädiktor für auf Anhieb vorhandene Anziehung zwischen zwei Menschen. Sie ist auch ein guter Vorhersager für die Stabilität einer Ehe und für die Zufriedenheit mit der Beziehung. Anscheinend ist eine Ähnlichkeit bezüglich der Gewissenhaftigkeit besonders bedeutsam für eheliche Zufriedenheit. Wenn Sie also hoffnungslos unordentlich und unorganisiert sind, dann sind Sie wahrscheinlich gut damit beraten, sich keinen totalen Ordnungsfanatiker als Partner zu suchen.

Die „Gleich und gleich gesellt sich gern"-Schlussfolgerung beschränkt sich nicht nur auf unsere Persönlichkeit, sie wirkt sich auch auf unsere Einstellungen und Wertvorstellungen aus. Die klassische Arbeit von Donn Byrne und seinen Kollegen zeigt, dass, je ähnlicher die Einstellungen von jemandem den unseren sind (zum Beispiel politische Einstellungen), desto höher die Wahrscheinlichkeit ist, dass wir diese Person mögen werden. Interessanterweise ähnelt diese Verbindung einer linearen Funktion, bei der die proportional höhere Anzahl an ähnlichen Eigenschaften dazu führt, dass zwei Menschen sich proportional mehr mögen. Wir fühlen uns also zweimal so stark von jemandem angezogen, mit dem wir bei 6 von 10 Fragestellungen einer Meinung sind, als von jemandem, mit dem wir nur bei 3 von 10 Fragestellungen einer Meinung sind. Darüber hinaus gibt es Nachweise dafür, dass die Uneinigkeit bei persönlichen Einstellungen sogar eine noch wichtigere Rolle bei der Vorhersage gegenseitiger Anziehungskraft spielt. Das heißt, wenn Leute mit ähnlichen Einstellungen einander eher anziehend finden, so gilt, dass Menschen mit vollkommen unterschiedlichen Einstellungen einander wahrscheinlich überhaupt nicht attraktiv finden. Legt man also die persönlichen Einstellungen als Indikator für den Grad der gegenseitigen Anziehung zugrunde, ist es nicht nur so, dass Gegensätze einander nicht anziehen: Sie stoßen einander sogar ab.

Eine ähnliche Studie führten Peter Buston und Stephen Emlen (2003) durch. Sie forderten 978 Probanden auf, die Rangfolge von 10 Charaktereigenschaften, die ihnen bei einem Partner für eine lange Beziehung wichtig sind, festzulegen. Darunter befanden sich Eigenschaften wie Wohlstand, Ambitioniertheit, Treue, Erziehungsstil und Attraktivität. Danach sollten die Versuchsteilnehmer sich selbst bezüglich dieser Dispositionen einschätzen. Die beiden Zusammenstellungen ähnelten sich signifikant, bei Frauen noch mehr als bei Männern. Wieso es hier Unterschiede zwischen den Geschlechtern gibt, ist allerdings nicht geklärt. Man sollte die Untersuchungsergebnisse von Buston und Emlen jedoch nicht zu hoch bewerten, da sie lediglich auf Selbsteinschätzungen der Probanden beruhen. Aussagen über Erwartungen an einen Partner sind nicht immer gleichbedeutend mit dem, was man sich von einem Gefährten tatsächlich wünscht, und oft sind Menschen befangen darin, sich selbst zu beschreiben. Außerdem stimmt das, was Leute angeben, an anderen Menschen zu schätzen, nicht immer mit dem überein, was sie schlussendlich an einer anderen Person anziehend finden (viele von Ihnen haben sicher schon die Erfahrung gemacht, dass wir uns für einen Partner entschieden haben, von dem wir wussten, dass er uns nicht guttut). Dennoch stimmen Buston und Emlens Untersuchungsergebnisse weitestgehend mit dem überein, was auch andere Studien bereits gezeigt haben: Wenn wir einen Seelenverwandten suchen, dann halten wir uns meistens an Personen, die ähnliche Ansichten und Wertvorstellungen haben wie wir selbst.

Wie ist dann also der Irrtum entstanden, dass Gegensätze sich anziehen? Niemand kann das genau sagen, aber wir möchten drei Möglichkeiten zur Diskussion stellen. Erstens macht sich dieser Mythos verdammt gut in Hollywoodfilmen. Geschichten wie die von Joe und Candice, die schließlich zueinanderfinden, sind doch wesentlich interessanter als die von zwei Personen, die auf den ersten Blick hin so gut harmonieren, dass sie zu einem Paar werden. In den meisten Fällen sind die erstgenannten Geschichten einfach herzzerreißender. Und weil uns Geschichten nach dem Motto „Gegensätze ziehen sich an“ in Filmen, Büchern und Fernsehsendungen wesentlich häufiger begegnen als „Gleich und gleich gesellt sich gern“-Geschichten, prägen sie sich wesentlich besser bei uns ein. Zweitens sehnen wir uns alle nach jemandem, der uns vervollständigt und uns dabei hilft, unsere Schwächen auszugleichen. Bob Dylan schrieb in einem seiner Liebeslieder von seiner Sehnsucht, seinen „fehlenden Teil“ zu finden, der ihn vervollständigen würde, ähnlich wie ein Puzzleteil (*The Wedding Song*, erschienen im Jahr 1973). Aber wenn es hart auf hart kommt, fühlen wir uns meist doch von den Menschen angezogen, die uns ähnlich sind. Drittens und zu guter Letzt ist es möglich, dass der Irrtum „Gegensätze ziehen sich an“ vielleicht ein kleines Körnchen Wahrheit enthält. Ein Partner, der uns nicht in allem gleich ist, peppt eine Beziehung schließlich auf! Jemand, der zu allem dieselbe Meinung hat wie man selbst, kann viel Sicherheit geben, aber genauso langweilig sein. Forscher haben die „Ähnlich, aber in einigen Punkten doch anders = attraktiv"-Hypothese allerdings noch nicht untersucht. Bis jemand dies tut, ist es für den Joe von nebenan wahrscheinlich sicherer, sich eine übergewichtige Bibliothekarin als Partnerin zu suchen.

Irrtum 21 Männer und Frauen kommunizieren auf vollkommen unterschiedliche Art und Weise

Nur wenige Themen haben mehr verbrauchte Tinte von Poeten, Autoren und Songwritern gefordert wie die uralte Frage, warum Männer und Frauen einander nicht zu verstehen scheinen. Selbst wenn wir uns nur auf Rock 'n' Roll beschränken, ist die Zahl der Lieder, die sich mit der schlechten Kommunikation zwischen Mann und Frau beschäftigen, wahrscheinlich nicht erfassbar. Nehmen wir ein paar Zeilen aus dem Lied *Misunderstanding* von Genesis als Beispiel:

There must be some misunderstanding
There must be some kind of mistake
I waited in the rain for hours
You were late
Now it's not like me to say the right thing
But you could've called to let me know.

Natürlich befassen sich nicht nur Musiker mit diesem Thema. Auch berühmte Persönlichkeitspsychologen haben ihre Verzweiflung über misslungene Versuche, das andere Geschlecht zu verstehen, zum Ausdruck gebracht. Kein Geringerer als Sigmund Freud sagte zu Marie Bonaparte (einer Psychoanalytikerin und Großgroßnichte von Napoleon Bonaparte):

> Die große Frage, die nie beantwortet wurde, und auf die auch ich noch keine Antwort gefunden habe, obwohl ich seit 30 Jahren die weibliche Seele erforsche, lautet: „Was will eine Frau?" (Freud, zitiert nach Jones, 1955)

Natürlich besteht der heimliche Verdacht, dass viele weibliche Persönlichkeitspsychologen sich dieselbe Frage über das männliche Geschlecht stellen.

Der Irrglaube daran, dass Frauen und Männer auf vollkommen verschiedene Arten kommunizieren und hierbei Opfer ewiger Missverständnisse werden, ist in der allgemeinen Überlieferung fest verwurzelt. Viele Fernsehsendungen und Zeichentrickserien wie *The Honeymooners*, *The Flinststones* oder etwas aktueller *The Simpsons* und *King of the Hill* greifen oft auf die häufig ungewollt komischen Kommunikationsunstimmigkeiten zwischen Ehemännern und Ehefrauen zurück. Die Männer in diesen Sendungen sprechen über Sport, Essen, Jagen und Wetten, die Frauen über Gefühle, Freundschaften, Beziehungen und das Leben zu Hause. Außerdem werden Männer gewöhnlicherweise als weniger emotional dargestellt und, um es freundlich auszudrücken, dümmer als Frauen.

Umfragen zeigen, dass Collegestudenten Männer und Frauen ebenfalls als unterschiedlich in ihren Kommunikationsstilen wahrnehmen. Besonders Studierende im Grundstudium glauben, Frauen würden bedeutend mehr sprechen als Männer und seien besonders gut darin, subtile nonverbale Hinweise während Unterhaltungen zu erkennen.

Wenn jemand viele aktuelle Veröffentlichungen im Bereich Psychologie liest, könnte er dem Glauben verfallen, Frauen und Männer seien nicht nur unterschiedliche menschliche Wesen, sondern sogar unterschiedliche Arten. Die britische Sprachwissenschaftlerin Deborah Tannen stützte in ihrem Buch *Du kannst mich einfach nicht verstehen* (1991) diese Ansichtsweise. Sie postulierte darüber hinaus, dass die Kommunikationsstile von Männern und Frauen sich in ihrer Art unterscheiden, nicht nur in Abstufungen. Ihre Aussagen basieren dabei allerdings lediglich auf formlosen und anekdotenhaften Beobachtungen. Laut Tannen „sprechen und hören Frauen in einer Sprache, die sich durch Verbundenheit und Intimität auszeichnet, während die Sprache und die Wahrnehmung der Männer von Status und Unabhängigkeit geprägt ist" (S. 42).

Der populäre amerikanische Psychologe John Gray ging einen Schritt weiter und verglich Männer und Frauen mit Wesen von verschiedenen Planeten. In seiner unglaublich erfolgreichen Reihe von Selbsthilfebüchern, angefangen bei *Männer sind anders, Frauen auch* (1992), über *Mars, Venus & Eros* (1995), *Mars sucht Venus, Venus sucht Mars* (1997), *Mars & Venus im Büro* (2002) und *Mars und Venus – die Liebe siegt* (2009), hat Gray seine radikale Meinung immer weiter entwickelt, Männer und Frauen hätten so unterschiedliche Kommunikationsstile bezüglich ihrer Bedürfnisse, dass sie einander überhaupt nicht verstehen könnten. Gray schrieb 1992, dass „Frauen und Männer nicht nur in vollkommen unterschiedlichen Arten kommunizieren, sondern auch verschieden denken, fühlen, wahrnehmen, reagieren, antworten, lieben, Bedürfnisse haben und wertschätzen" (S. 5). Unter anderem behauptet Gray, dass „die Sprache der Frauen sich auf Intimität und Verbundenheit fokussiert, die der Männer dagegen auf Unabhängigkeit und Wettkampf". Außerdem meint Gray, dass Frauen, wenn sie sich aufregen, ihre Gefühle zum Ausdruck bringen, Männer sich dagegen zurückziehen.

Grays *Mars und Venus*-Bücher wurden in 43 Sprachen übersetzt und haben sich über 40 Millionen Mal verkauft. USA Today nannte Grays Buch *Männer sind anders, Frauen auch* (1992) das einflussreichste Buch des 20. Jahrhunderts und Schätzungen zufolge sind Grays Titel nach der Bibel die meistverkauften Bücher in den 1990er Jahren. Gray hat in den USA über 25 *Mars und Venus*-Beratungszentren eröffnet, mit dem Ziel, die Kommunikation zwischen den befremdlichen Welten der Männer und Frauen zu verbessern. Auf seiner Internetseite befindet sich eine Anleitung für den Zugriff auf den *Mars and Venus Dating Service* sowie eine Telefonhotline. Im Jahr 1997 setzte Gray seine *Mars und Venus*-Buchtitel sogar in einem Musical um, das am Broadway aufgeführt wurde.

Wenngleich Gray und andere populäre Psychologen keinen einzigen Versuch durchgeführt haben, um ihre Behauptungen zu beweisen, so haben doch viele andere Forscher Beweise untersucht, die sich auf die unterschiedliche Kommunikation der beiden Geschlechter beziehen. Folgende vier Fragen lassen sich in Bezugnahme auf diese Forschungsergebnisse besonders gut beantworten: (1) Sprechen Frauen mehr als Männer? (2) Geben Frauen mehr über sich selbst preis als Männer? (3) Unterbrechen Männer Gespräche häufiger als Frauen? (4) Nehmen Frauen nonverbale Hinweise eher wahr als Männer?

Außerdem wollen wir uns einer weiteren Frage annähern: Sofern es überhaupt Unterschiede gibt, wie groß sind sie tatsächlich? Um diese Frage zu beantworten, verwenden Psychologen häufig eine Kennzahl namens Cohens d, benannt nach dem amerikanischen Psychologen Jacob Cohen. Ohne in die mörderischen Details der Statistik vorzudringen, kann man sagen, dass Cohens d besagt, wie groß der Unterschied zwischen zwei Gruppen relativ zur Variabilität innerhalb dieser Gruppen ist (gemeint sind also die Mittelwertunterschiede zwischen zwei Gruppen). Als groben Bezugspunkt kann man nennen, dass nach Cohens d .2 ein ziemlich kleiner, .5 ein mittlerer und .8 ein starker Effekt ist. Um einige Maßstäbe zur Orientierung zu geben, hier einige Beispiele: Der Cohens-d-Wert der durchschnittlichen Unterschiede zwischen Männern und Frauen bezogen auf die Persönlichkeitseigenschaft Gewissenhaftigkeit (mit dem Ergebnis, dass Frauen gewissenhafter sind als Männer) liegt bei .18, für physische Aggression (mit dem Ergebnis, dass Männer aggressiver sind als Frauen) bei .60 und für Körpergröße (mit dem Ergebnis, dass Männer größer sind als Frauen) bei 1.7.

(1) *Sprechen Frauen mehr als Männer?* Auch wenn die Annahme, dass Frauen mehr sprechen als Männer, schon seit Jahrzehnten vorherrscht, heizte die Psychiaterin Louann Brizendine die Diskussion mit ihrem Buch *Das weibliche Gehirn* (2007) neu an. Brizendine zitierte die Behauptung, Frauen würden täglich durchschnittlich 20 000 Wörter verwenden, während Männer nur 7000 Wörter sprechen würden. Jede Menge unterschiedlicher Medien berichteten über diesen Unterschied, als sei er wissenschaftlich erwiesen. Wenn man der Angelegenheit jedoch auf den Grund geht, so muss man feststellen, dass die „Untersuchungsergebnisse" auf einem Selbsthilfebuch und einer Reihe von Informationen aus zweiter Hand beruhen und nicht auf systematischer Forschung. Und tatsächlich nahm Brizendine diese Behauptung in der zweiten Auflage ihres Buches nicht mehr auf. Als die Psychologin Janet Hyde (2005) die Ergebnisse von 73 kontrollierten Studien in einer Metaanalyse zusammenführte, lag ihr Untersuchungsergebnis bei einem Cohens d von .11, was eine leicht erhöhte Gesprächigkeit bei Frauen gegenüber Männern zeigte. Dennoch ist dieser Unterschied geringer als gering und im Alltag kaum wahrnehmbar. Der Psychologe Matthias Mehl und seine Kollegen ergänzten dieses Bild der Gesprächigkeitsbehauptung mit einer Studie, in der sie die Unterhaltungen von 400 Collegestudenten untersuchten, die ein tragbares Aufnahmegerät mit sich führten. Sie fanden heraus, dass Frauen wie auch Männer pro Tag etwa 16 000 Wörter sprachen.

(2) *Geben Frauen mehr über sich selbst preis als Männer?* Bezüglich der Annahme, dass Frauen wesentlich mehr über persönliche Angelegenheiten sprechen als Männer, brachte eine Metaanalyse von Hyde (2005), die 205 Studien zum Inhalt hatte, ein Cohens d von .18 ans Tageslicht. Dieses Ergebnis zeigt nur einen geringen Unterschied und besagt, dass Frauen nur wenig mehr über sich selbst preisgeben als Männer.

(3) *Unterbrechen Männer Gespräche häufiger als Frauen?* Auch zu dieser Annahme zeigten Hydes Untersuchungsergebnisse (2005) nur geringe

Unterschiede zwischen Männern und Frauen, was sich in einem Cohens-d-Wert von .15 darstellte. Dieser Unterschied ist jedoch schwierig zu interpretieren, weil die Forschung darauf hindeutet, dass Unterbrechungen und ein Sich-Abwechseln bei Gesprächen zum Teil dem sozialen Status entsprechen. Bei den Studien, in denen Frauen das Gespräch dominierten, unterbrachen diese auch häufiger, hatten häufiger das Wort und sprachen insgesamt länger als Männer.

(4) *Nehmen Frauen nonverbale Hinweise eher wahr als Männer?* Hier ist die Antwort vergleichsweise eindeutig und ein klares Ja. Metaanalysen an Erwachsenen durchgeführt von Judith Hall (1978, 1984), in denen die Fähigkeiten der Teilnehmenden untersucht wurden, Emotionen in Gesichtern von Menschen zu erkennen und auseinanderzuhalten (zum Beispiel Traurigkeit, Glücklichsein, Wut und Angst), wiesen einen Cohens-d-Wert von .40 auf, auch wenn Untersuchungen derselben Art bei Kindern und Jugendlichen einen geringeren Unterschied von lediglich .13 aufwiesen.

Männer und Frauen kommunizieren also tatsächlich auf geringfügig unterschiedliche Art und Weise und manche Unterschiede sind sogar groß genug, um von Bedeutung zu sein. Praktisch gesehen sind Männer und Frauen sich jedoch viel ähnlicher als sie sich in ihrer Kommunikation voneinander unterscheiden. Es ist nicht eindeutig nachgewiesen, inwiefern sich die bestehenden Unterschiede auf tatsächliche Unterschiede zwischen den Geschlechtern zurückführen lassen oder Geschlechterunterschiede in Machtunterschieden auswirken. Durch sämtliche Studien hindurch übersteigen die Geschlechterunterschiede bei der Kommunikation selten den kleinen Bereich, den Cohens d umfasst. John Grays Büchern, Beratungszentren und Broadway-Musicals zum Trotz sind Männer nicht vom Mars und Frauen nicht von der Venus. Mit den Worten der Kommunikationswissenschaftlerin Kathryn Dindia (2006) ist es wahrscheinlich genauer zu sagen, dass „Männer aus Norddakota und Frauen aus Süddakota stammen“ (S. 4).

Irrtum 22 Es ist besser, seinem Ärger anderen gegenüber Luft zu machen als ihn in sich hineinzufressen

Patrick Henry Sherrill zeichnet der zweifelhafte Ruhm aus, derjenige zu sein, der den Begriff „going postal", zu deutsch Amok laufen, geprägt hat, weil er den schlimmsten Massenmord der amerikanischen Geschichte begangen hat. Am 20. August 1986 war es Sherrill, der bei dem Gedanken daran, dass er seinen Job als Angestellter bei der Post verloren hatte, mit zwei Waffen, die er in seiner Posttasche versteckt hatte, 14 Angestellte tötete und sechs weitere verwundete, bevor er sich selbst im Postamt von Edmond, Oklahoma, das Leben nahm.

Viele Menschen benutzen den Begriff „going postal" im Englischen nun, um zu umschreiben, dass jemand unkontrollierbar wütend und gewalttätig wird. „Road rage", also aggressives Autofahren, ist ein umgangssprachlicher Ausdruck, der sich auf Wutausbrüche im Straßenverkehr bezieht – durchaus auch mit Todesfolge. Am 16. April 2007 fuhr Jason Reynolds mit seinem Wagen direkt vor Kevin Normans Fahrzeug und bremste abrupt ab, nachdem er zuvor hinter ihm mit den Fernlichtern aufgeblendet hatte und ihm dicht aufgefahren war. Als Reynolds direkt vor Norman einscherte, lenkte dieser seinen Wagen zur Seite, um einen Auffahrunfall zu vermeiden. Sein Fahrzeug durchbrach dabei die Mittelleitplanke und landete auf dem Dach eines entgegenkommenden Fahrzeugs. Norman sowie der andere Fahrer wurden bei dem Unfall getötet (*The Washington Times*, 2007).

Hätten Sherrill und Reynolds ihre tödlichen Wutausbrüche verhindern können, wenn sie ihre aufgestaute Wut zu Hause abgelassen hätten, beispielsweise indem sie ein Kissen geboxt oder einen Plastikschläger verwendet hätten, um ihre Wut abzureagieren? Wenn Sie wie die Mehrheit der Menschen denken, so glauben Sie nun, dass es gesünder ist, seine Wut auszuleben als sie in sich aufzustauen. In einer Umfrage gaben 66% der befragten Studenten zur Antwort, dass es die Gefahr aggressiven Verhaltens verringere, wenn man seiner aufgestauten Wut Luft macht (Brown, 1983). Der Ursprung dieses Glaubens ist bereits mehr als 2000 Jahre alt und geht auf den griechischen Philosophen Aristoteles zurück, der in seinem Klassiker *Poetik* anmerkte, dass das Anschauen tragischer Theaterstücke die Möglichkeit zur *Katharsis* enthält, also eines Sichentledigens von Wut und anderen negativen Gefühlen und somit ein befriedigendes Reinigungserlebnis mit sich bringt.

Auch Sigmund Freud (1930/1961) war ein einflussreicher Befürworter der Katharsis und glaubte, dass unterdrückte Wut sich aufbauen und gären könne, ähnlich wie Dampf in einem Dampfkessel, bis sie so stark würde, dass sie psychische Erkrankungen wie Hysterie auslösen könne. Der Schlüssel zur Therapie und zu rosiger Gesundheit, so Freud und seine Anhänger, läge darin, den Druck der negativen Gefühle zu dämpfen, indem man über diese spräche und sie kontrolliert abließe. Die Figur aus den *Marvel*-Comics *Hulk* ist eine Metapher für die Konsequenzen des Versagens bei der Kontrolle von Wut, die immer am Rande des Bewusstseins lauert. Immer wenn der wilde Bruce Banner zu viel Wut aufstaut oder provoziert wird, verwandelt er sich in sein tobendes Alter Ego: Hulk.

Wut ist, so erklärt es uns die populäre Psychologie, ein Monster, das wir zähmen müssen. Eine Menge Filme vermitteln die Idee, dass wir dies tun können, indem wir „Dampf ablassen", „in die Luft gehen" oder „uns etwas von der Seele reden". In dem Film *Reine Nervensache* (1999) rät ein Psychiater (gespielt von Billy Crystal) einem New Yorker Gangster (dargestellt von Robert De Niro), in ein Kissen zu schlagen, wenn er wütend ist. Im Film *Network* (1976) verlangt ein wütender Nachrichtensprecher von seinen Zuschauern angesichts der hohen Ölpreise, der stark rückgängigen Wirtschaft und des Kriegszustands des eigenen Landes, ihrer Frustration Luft zu machen, indem sie alle die Fenster öffnen und brüllen: „Ich bin stinksauer und ich werde das nicht mehr akzeptieren." Als Reaktion auf seine Aufforderung tun Millionen von US-Bürgern genau dies. In dem Film *Die Wutprobe* (2003) muss der kleinlaute Held Dave Buznik (gespielt von Adam Sandler) gerichtlich angeordnet an den Sitzungen einer Aggressionsbewältigungs-Selbsthilfegruppe, geleitet von Dr. Buddy Rydell (dargestellt von Jack Nicholson), teilnehmen, nachdem er fälschlicherweise sogenannter „Flugwut" beschuldigt wurde. Auf Dr. Rydells Rat hin bewirft Buznik Schulkinder mit Softbällen und schmeißt mit Golfschlägern um sich, um seine Wut abzureagieren.

Die Ratschläge, die Dr. Rydell erteilt, sind denen aus Selbsthilfebüchern zum Thema Aggressionsbewältigung sehr ähnlich. John Lee (1993) schlug vor, dass man lieber ein Kissen oder einen Boxsack schlagen sollte, als die giftige Wut in sich zu behalten. Und während man Kissen schlage, solle man schreien und fluchen und jammern und brüllen. Wenn man einer bestimmten Person böse sei, solle man sich deren Gesicht auf dem Kissen, auf das man einschlage, vorstellen und seine Wut so körperlich und verbal ablassen. Dr. George Bach und Dr. Herb Goldberg (1974) schlugen die Übung „Vesuv" – benannt nach dem Vulkan – vor, bei der „Individuen ihre aufgestaute Frustration, Abneigungen, Verletzungen, Feindseligkeiten und Wut aus vollem Hals während ihres Ausbruchs abreagieren können" (S. 180).

Im Internet gibt es eine ganz Reihe von Angeboten zur Prävention von Wutkernschmelzen. Eines unserer Lieblingsangebote nennt sich „Choker Chicken", zu Deutsch Würge-Huhn. Wenn Sie den „Choker" anmachen, bekommen Sie eine lebhafte Darbietung des Hühnertanzes. Wenn Sie das Huhn würgen, so reagiert es sofort mit rudernden Beinen, heraussteheneden Augen und sich rötenden Wangen. Wenn Sie den Druck auf den Hals verringern, hören sie eine schnell abgespielte Version des Hühnertanzes, was vielleicht dazu führt, dass Sie sich weiterer „Aggressionsbewältigung" widmen. Wenn Sie der Gedanke daran nicht erfreut, ein Huhn zu würgen (nicht mal ein Plastikhuhn), ist vielleicht der „Choking Strangler Boss" etwas für Sie. Wenn Sie seine linke Hand drücken, verhöhnt er Sie mit bösartiger Kritik. Zum Beispiel sagt er Ihnen, dass Sie Überstunden machen müssen, obwohl Sie krank sind. Wenn Sie den Chef dann würgen, stehen seine Augen heraus, seine Arme und Beine rudern in der Luft und er sagt Ihnen, dass Sie eine Gehaltserhöhung verdient haben oder dass Sie einige Zeit Urlaub nehmen können. Mission erfüllt.

Techniken, um mit Wut umzugehen, haben ihren Weg sogar in einige Psychotherapieformen gefunden. Einige Therapien ermutigen Patienten zu schreien, Kissen zu schlagen oder Bälle gegen Wände zu werfen, wenn sie böse werden. Befürworter der Primärtherapie, umgangssprachlich auch Primär-Schrei-Therapie genannt, glauben, dass psychisch gebeutelte Erwachsene emotionale Schmerzen, die durch Kindheitstraumata entstanden sind, durch Schreien abbauen müssen. Einige Städte in Amerika, dazu zählt Atlanta in Georgia, haben immer noch Primärtherapiezentren. Eine Internetseite, die für „The Center for Grieving Children" wirbt, schlägt vor, dass man eine „mad box", also eine Wutbox, verwendet, um Kindern dabei zu helfen, mit ihren Gefühlen umzugehen (http://www.cgcmaine.org/childrensactivities.html). Die Box ist einfach zu bauen: „(1) Das Kind sollte Bilder aus einer Zeitschrift ausschneiden oder Dinge aufschreiben, die es wütend machen. Füllen Sie die Ergebnisse dieser Arbeit in die Box. (2) Kleben Sie die Box zu. (3) Lassen Sie das Kind mit einem Plastikschläger auf die Box einschlagen oder sie mit den Füßen zertreten, bis sie nur noch aus Fetzen besteht. (4) Verbrennen oder entsorgen Sie die Überreste."

Einige vermeintlich kathartische therapeutische Ansätze, die dazu dienen sollen, mit Wut besser zurechtzukommen, sind wohl noch bizarrer. Menschen in einigen spanischen Städten wie Soria, Murcia oder Bilbao üben die sogenannte „Destructotherapie" aus, um Arbeitsstress zu bewältigen: Männer und Frauen zerstören schrottreife Autos und Haushaltsgeräte mit Vorschlaghämmern im Takt von Rockmusik. Diese „Therapie" könnte durch den Film *Alles Routine* (1999) inspiriert worden sein, der eine Szene beinhaltet, in welcher wütende Angestellte, die ihren Job und ihren Chef hassen, einen Drucker aus dem Büro entwenden und diesen auf einer Wiese mit Baseballschlägern kurz und klein schlagen.

Wenn man diese Spinnereien jetzt mal beiseite lässt, enthüllt die Forschung eindeutig, dass die Katharsishypothese falsch ist. Seit mehr als 40 Jahren haben Studien gezeigt, dass es die Aggression wesentlich steigert, wenn man seine Wut direkt gegen eine Person oder indirekt (zum Beispiel an einem Objekt) zum Ausdruck bringt. In einer der ersten Studien zu diesem Thema schlugen Probanden, die kurz zuvor beleidigt worden waren, Nägel in Holzstücke. Nach dieser Aktivität waren die Probanden in den meisten Fällen denjenigen gegenüber, die sie beleidigt hatten, noch reservierter als zuvor. Auch das Ausüben von aggressiven Sportarten, die eigentlich eine reinigende Wirkung haben sollten, wie z. B. American Football, führt eher zu einer Steigerung der Aggression. Das Spielen gewalttätiger Videospiele wie *Manhunt*, in dem blutige Massenmorde auf einer Skala bewertet werden, wird auch mit einer Steigerung der Aggressivität in Verbindung gebracht – im Labor wie auch im echten Leben.

Wütend zu werden, ist also nicht gleichbedeutend mit „Dampf ablassen": Letzteres facht die Flammen unserer Wut nur noch mehr an. Forschungsergebnisse legen nahe, dass es nur hilft, Ärger zum Ausdruck zu bringen, wenn dieser Vorgang durch konstruktives Problemlösen begleitet wird, das sich an die Quelle unseres Ärgers wendet. Wenn wir also auf unseren Partner sauer sind, weil er wiederholt zu spät kommt, fühlen wir uns wahrscheinlich nicht besser, wenn wir ihn angeschrien haben, geschweige denn haben wir damit die Situation verändert. Unseren Unmut hingegen ruhig und nachdrücklich vorzubringen („Ich denke, du machst das wahrscheinlich nicht mit Absicht, aber es verletzt meine Gefühle, wenn du zu spät kommst"), kann häufig dazu beitragen, einen Konflikt zu lösen.

Die Medien unterstützen möglicherweise, dass Menschen ihre Wut ausleben: Leute leben ihre Aggressivität aus, weil sie glauben, dass sie sich danach besser fühlen werden. Brad Bushman und seine Kollegen gaben Versuchsteilnehmern gefälschte Zeitungsartikel, in denen behauptet wurde, dass es ein guter Weg sei, Ärger abzubauen, indem man sich aggressiv verhält. Danach erhielten die Probanden kritische Kommentare zu Essays zum Thema Abtreibung, die sie geschrieben hatten („Dieses hier ist der schlechteste Essay, den ich je gelesen habe!"). Die Versuchspersonen, die den Pro-Katharsis-Artikel gelesen und anschließend auf einen Boxsack eingeschlagen hatten, wurden jedoch – genau im Gegensatz zur Hypothese – ihren Kritikern gegenüber immer aggressiver. Sie waren um ein Mehrfaches aggressiver als die Versuchsteilnehmer, die den Artikel gelesen hatten, der der Katharsishypothese widersprach.

Warum ist der Katharsisirrtum trotz der Fülle an Beweisen, dass Wut Aggression schürt, immer noch so weit verbreitet? Vielleicht weil Menschen sich manchmal kurzzeitig besser fühlen, nachdem sie Dampf abgelassen haben. Menschen schreiben die Tatsache, dass sie sich besser fühlen, wenn sie ihrer Wut freien Lauf gelassen haben, eher einer Katharsis zu, als der Tatsache, dass Wut nach einiger Zeit von alleine nachlässt. Wie Jeffrey Lohr und seine Kollegen beobachteten, handelt es hierbei um einen Post-hoc-Fehlschluss: den Fehler anzunehmen, dass eine Gegebenheit die Ursache für die zweite Gegebenheit sein muss, nur weil das eine dem anderen vorausging (siehe Einleitung, S. 30). Wir stimmen daher an dieser Stelle mit Carol Tavris (1988) überein, dass „es an der Zeit ist, ein und für allemal, der Katharsishypothese ein Ende zu bereiten" (S. 197). Aber werden wir uns besser – oder schlechter – fühlen, wenn wir dieser Angelegenheit ein Ende bereitet haben?

8 Kenne dich selbst

Irrtümer über Persönlichkeit

Irrtum 23 Geringes Selbstbewusstsein ist der Hauptgrund für psychische Probleme

Am Morgen des 20. April 1999 – vielleicht nicht zufällig an Adolf Hitlers 110. Geburtstag – schlenderten zwei Schüler in schwarze Trenchcoats gekleidet in die Columbine High School in Littleton, Colorado. Vor diesem Morgen waren Eric Harris und Dylan Klebold zwei unbekannte junge Amerikaner, am Abend desselben Tages waren ihre Namen in aller Munde. Mit einem Sortiment aus Waffen und Bomben bewaffnet, jagten und töteten sie zwölf Studenten und einen Lehrer, bevor sie sich selbst das Leben nahmen.

Die Tragödie hatte sich gerade erst ereignet, als bereits unzählige Sendungen mit Psychologen und Berichterstattern über den Äther gingen, die über die Ursachen der Tat spekulierten. Auch wenn die Experten sich auf viele verschiedene Einflüsse beriefen, mauserte sich einer dieser Einflüsse schnell zum Spitzenreiter: geringes Selbstbewusstsein. Die Meinungen, die auf einer Internetseite zum Ausdruck kamen, fielen erwartungsgemäß aus:

> Die Schießereien an der Columbine High School und anderen Schulen überall im Land haben alle das beängstigende Muster, dass Kinder andere Kinder erschießen … Es ist nicht nur entscheidend, dass Waffen nicht in Kinderhände geraten, sondern auch von besonders großer Wichtigkeit, dass wir unseren Kindern beibringen, sich selbst und andere wertzuschätzen. (www.axelroadlearning.com/teenvaluestudy.htm)

Andere Fachleute haben den vermeintlichen epidemischen Anstieg von Schießereien in Schulen in Amerika mit einer merklichen Abnahme des Selbstbewusstseins zu erklären versucht (wir schreiben „vermeintlich“, weil die Behauptung, dass Angriffe in Schulen zugenommen hätten, selbst ein Mythos ist). Die wenigen Experten für psychische Gesundheit, die diese Annahme in Frage gestellt haben, wurden nicht immer gehört. In einer Talkshowsendung, die 1990 ausgestrahlt wurde, versuchte ein Psychologe geduldig zu erläutern, dass es für Gewalt im Jugendalter viele verschiedene Gründe geben kann. Ein Produktionsleiter, der glaubte, die Erklärungen des Psychologen seien unnötig kompliziert, winkte wütend mit einer großen Karte mit der Aufschrift „SELBSTBEWUSSTSEIN!"

Einige bekannte Psychologen haben lange Zeit behauptet, dass geringes Selbstbewusstsein der Hauptauslöser für viele ungesunde Verhaltensweisen ist, unter anderem für Gewalt, Depressionen, Angststörungen und Alkoholsucht. Seit Norman Vincent Peales Klassiker *Die Kraft positiven Denkens* (1954) gehören Selbsthilfebücher, die den Wert des Selbstbewusstseins kundtun, zur allgemeinen Grundausstattung in Buchhandlungen. In seinem Bestseller *Die sechs Säulen des Selbstbewusstseins* (1995) insistiert der Selbstwertgefühl-Guru Nathaniel Branden darauf, dass ihm

> nicht ein einziges psychisches Problem einfällt – von Angststörungen über Depressionen, Angst vor Intimität oder vor Erfolg bis zu Gewalt in Beziehungen und Kindesbelästigung –, das nicht auf geringes Selbstbewusstsein zurückzuführen ist. (Branden, 1995)

Die National Association for Self-Esteem behauptet sehr ähnlich, dass

> eine enge Beziehung zwischen geringem Selbstbewusstsein und Problemen wie Gewalt, Alkoholsucht, Drogenmissbrauch, Essstörungen, Abbrüchen der Schulausbildung, Schwangerschaft im Jugendalter, Suizid und schlechten akademischen Leistungen erwiesen sei. (Reasoner, 2000)

Die Annahme, dass geringes Selbstbewusstsein schädlich für die psychische Gesundheit ist, hat sich stark auf die öffentliche Politik ausgewirkt. Im Jahr 1986 gründete der Staat Kalifornien eine Arbeitsgruppe für Selbstbewusstsein und persönliche sowie soziale Verantwortung, die jährlich mit $ 245 000 unterstützt wird. Ihr Ziel war es, negative Auswirkungen geringen Selbstwertgefühls zu identifizieren und Möglichkeiten zu finden, diese zu heilen. Der Leiter dieser Arbeitsgruppe, der kalifornische Abgeordnete John Vasconcellos, behauptete, dass das Stärken des Selbstbewusstseins der Bürger Kaliforniens dabei helfen könne, das staatliche Budget auszugleichen.

Die Selbstbewusstseinsbewegung hat auch die etablierte Erziehungs- und Berufspraxis erobert. Viele amerikanische Lehrer fordern ihre Schüler auf, in Listen aufzuführen, warum sie gute Menschen sind, in der Hoffnung, damit das Selbstwertgefühl der Kinder zu stärken. Einige Sportvereine vergeben an alle Kinder Pokale, um zu vermeiden, dass sich die Verlierer minderwertig fühlen. Eine Grundschule in Santa Monica, Kalifornien, hat Kindern verboten, Fangen zu spielen, weil „die Kinder sich dabei nicht gut fühlten", und wieder andere Schulen nennen Schüler, die nicht gut schreiben können, „individuelle Buchstabierer", um ihre Gefühle nicht zu verletzen. Eine Reihe amerikanischer Firmen sind ebenfalls auf den Selbstwertgefühlzug aufgesprungen: Die Scooter Store Inc. in New Braunfels in Texas stellte einen „Gute-Laune-Angestellten" ein, dessen Aufgabe es ist, einmal in der Woche 12 kg Konfetti über die Mitarbeiter der Firma zu werfen, um ihr Selbstwertgefühl zu steigern. Die Firma Container Store hat „Lob-Mailboxen" eingerichtet, um fortwährendes Lob an ihre Mitarbeiter zu spenden.

Zudem ist das Internet mit pädagogischen Büchern und Produkten vollgestopft, die dazu dienen sollen, das Selbstbewusstsein von Kindern aufzublähen. Ein Buch, *Self-Esteem Games* (Sher, 1998), beinhaltet 300 Aktivitäten (zum Beispiel das ständige Wiederholen positiver Bekräftigungen, die betonen, dass das Kind einmalig ist), die dabei helfen sollen, dass Kinder sich rundum wohl fühlen. Ein anderes Buch von Robert D. Ramsey mit dem Titel *501 Ways to Boost Your Children's Self-Esteem* (2002) ermutigt Eltern, ihren Kindern mehr Mitspracherecht bei Familienentscheidungen zu geben, beispielsweise bei der Frage, wie sie selbst nach einer begangenen Frechheit bestraft werden sollen. Außerdem kann man im Internet ein „Selbstbewusstsein-Fragen-Set" bestellen, dessen Karten mit Fragen wie „Welches Ziel haben Sie zuletzt erreicht?" oder „Welche Auszeichnung wurde Ihnen zuletzt erteilt, auf die Sie stolz sind?" bedruckt sind. Sogar Selbstwertgefühl-Müslischalen geschmückt mit dem Aufdruck „Ich bin talentiert" oder „Ich sehe toll aus!" können im Internet erstanden werden.

Aber leider gibt es ein Haar in der Suppe. Die meisten Forschungsergebnisse zeigen, dass ein niedriges Selbstwertgefühl nicht mit schlechter psychischer Gesundheit in Verbindung gebracht werden kann. In einer äußerst sorgfältigen Erhebung prüften Roy Baumeister, Jennifer Campbel, Joachim Krueger und Kathleen Vohs (2003) alle verfügbaren Versuchsergebnisse – über 15 000 Studien –, die Selbstbewusstsein mit so ziemlich jeder denkbaren psychologischen Variablen in Verbindung gebracht hatten. Im Gegensatz zu den weit verbreiteten Behauptungen entdeckten sie, dass Selbstbewusstsein nur wenig mit zwischenmenschlichem Erfolg zu tun hat. Genauso wenig kann man Selbstwertgefühl mit Rauchen, Alkoholmissbrauch oder Drogenkonsum in Verbindung bringen. Des Weiteren fanden sie heraus, dass Selbstbewusstsein zwar als positive Korrelation mit Schulleistungen in Zusammenhang gebracht werden kann, es die Erfolge jedoch nicht verursacht. Stattdessen scheinen Erfolge in der Schule zu gutem Selbstbewusstsein beizutragen. Es ist möglich, dass bei früheren Forschungsergebnissen die Korrelationen zwischen Schulleistungen und Selbstbewusstsein falsch interpretiert wurden und so einen direkten kausalen Zusammenhang mit dem Selbstbewusstsein widergespiegelt haben (siehe Einleitung, S. 27). Selbstbewusstsein wird zwar mit Depressionen in Verbindung gebracht, doch auch hier ist die Korrelation nur geringfügig. Ein geringes Selbstwertgefühl ist weder notwendig noch hinreichend, um an einer Depression zu erkranken.

Trotzdem müssen die Leser, die mit gutem Selbstbewusstsein ausgestattet sind, nicht verzweifeln. Selbstbewusstsein scheint zwei Vorteile mit sich zu bringen. Wir schreiben „scheint", weil diese Ergebnisse zwar miteinander korrelieren, aber nicht notwendigerweise ein Kausalzusammenhang besteht (siehe Einleitung, S. 29). (1) wird Selbstbewusstsein mit größerer Initiative und Beharrlichkeit in Zusammenhang gebracht, das heißt mit der Bereitschaft, Aufgaben anzugehen und auch unter schwierigen Bedingungen zu erfüllen, und (2) scheinen Zufriedenheit und emotionale Belastbarkeit bei selbstbewussten Personen ausgeprägter zu sein.

Ein gutes Selbstwertgefühl bringt außerdem die Tendenz mit sich, sich selbst positiver wahrzunehmen als andere dies können. Personen mit hohem Selbstbewusstsein sehen sich selbst als klüger, attraktiver und liebenswerter als Menschen mit geringem Selbstwert. Diese Wahrnehmung ist allerdings trügerisch, weil Menschen mit hohem Selbstbewusstsein bei anderen Personen bei einer objektiven Bewertung der Intelligenz, Attraktivität und Beliebtheit nicht besser abschneiden als ihre Mitmenschen.

Was Gewalt betrifft, wird die Angelegenheit komplizierter. Es gibt einige Nachweise dafür, dass geringes Selbstbewusstsein mit einem erhöhten Risiko für körperliche Aggression und Kriminalität in Verbindung gebracht werden kann. Ein gutes Selbstwertgefühl schützt Menschen jedoch nicht davor, gewalttätig zu werden. Im Gegenteil ist sogar ein Teil der Personen mit hohem Selbstbewusstsein – besonders derjenigen mit instabiler Wertschätzung ihrer selbst – dem höchsten Risiko für körperliche Aggression ausgesetzt. Diese Personen sind meistens narzisstisch veranlagt und glauben, sie würden besondere Privilegien verdienen, auch narzisstische Berechtigung genannt. Wenn ihr selbst wahrgenommener Wert infrage gestellt wird, sie also einer narzisstischen Kränkung ausgesetzt werden, neigen sie dazu, ihre Wut an anderen auszulassen.

Interessanterweise schienen die beiden Schüler Harris und Klebold kein bisschen unsicher zu sein. Nazismus faszinierte sie beide und beide Jugendlichen beschäftigten sich mit Fantasien über die Weltherrschaft. Harris' Tagebücher offenbarten, dass er sich anderen gegenüber überlegen fühlte und Verachtung für die meisten Jugendlichen seines Alters empfand. Harris und Klebold waren regelmäßig von Mitschülern gehänselt worden. Die meisten Berichterstatter nahmen an, dass diese schlechte Behandlung ein geringes Selbstwertgefühl bei den Attentätern hervorgerufen und das Risiko der beiden, gewalttätig zu werden, damit erhöht hatte. Diese Berichterstatter wurden wohl Opfer des Post-hoc-Fehlschlusses (siehe Einleitung, S. 30), der auch eine Hauptquelle für den Selbstwertgefühls-Mythos sein könnte. So verlockend es sein mag, darf man nicht schlussfolgern, dass die Sticheleien die Gewalt hervorgerufen haben, weil die Sticheleien der Gewalt vorausgegangen sind. Stattdessen könnte ihr hohes Selbstwertgefühl Harris und Klebold dazu gebracht haben, die höhnischen Bemerkungen ihrer Mitschüler als Bedrohung ihres aufgeblasenen Egos wahrzunehmen, was sie dazu motivierte, Rache zu üben.

In einer Reihe schlauer Versuche bat Brad Bushman in Zusammenarbeit mit Baumeister Versuchsteilnehmer, ihre Meinung zum Thema Abtreibung in einem Essay zu Papier zu bringen (siehe Irrtum 22). Einige Mitglieder des Forschungsteams taten so als seien sie selbst Probanden und bewerteten den Essay. Was die richtigen Versuchsteilnehmer nicht wussten, war, dass die Bewertung nur ein Trick war. Bushman und Baumeister teilten die Essays in Wahrheit einfach in zwei Stapel: Eine Hälfte der Teilnehmer erhielt Kommentare wie „Keine Verbesserungsvorschläge, toller Essay!", die andere Hälfte wurde kritisiert: „Das ist einer der schlechtesten Essays, die ich je gelesen habe!" Danach nahmen die Versuchspersonen an einem gestellten Wettbewerb teil, der ihnen ermöglichte, sich an ihrem Kritiker mit sehr nervendem Lärm zu rächen. Narzisstische Versuchsteilnehmer reagierten auf negative Beurteilungen ihres Essays mit Bombardements ihrer Gegenspieler und wesentlich lauteren Geräuschen als die Probanden aus der anderen Versuchsgruppe, die positive Rückmeldungen erhalten hatten. Positive Essaybewertungen verursachten keinen messbaren Effekt.

Übereinstimmend mit diesen Ergebnissen neigen tyrannische Personen und manche aggressive Kinder dazu, ihre Beliebtheit bei anderen zu überschätzen. Christopher Barry und seine Mitarbeiter baten aggressive und nicht aggressive Kinder, ihre eigene Beliebtheit bei Gleichaltrigen einzuschätzen, und verglichen dann ihre Einschätzungen mit den tatsächlichen Ergebnissen einer entsprechenden Umfrage unter den gleichaltrigen Kindern. Aggressivere Kinder neigten eher dazu, ihre eigene Beliebtheit zu überschätzen, als nicht aggressive Kinder. Die Tendenz war bei narzisstischen Kindern besonders hoch.

Die Konsequenzen dieser Untersuchungsergebnisse sind besorgniserregend, insbesondere wenn man die weite Verbreitung von Aufbauprogrammen für das Selbstwertgefühl von Jugendlichen in Risikogruppen betrachtet. Die National Association for Self-Esteem empfiehlt 13 Programme – von denen viele unter dem Motto „emotionale Bildungsprogramme" laufen –, die dazu gedacht sind, das Selbstbewusstsein mit Problemen belasteter Jugendlicher aufzupolstern. Auch viele Gefängnisse haben Selbstbewusstseinsaufbauprogramme entwickelt, die dabei helfen sollen, wiederholte Angriffe zu reduzieren. Die Forschungsergebnisse, die wir hier genannt haben, geben jedoch Anlass zu der Annahme, dass diese Programme negative Auswirkungen haben könnten, insbesondere unter den Teilnehmern mit erhöhter Aggressionsneigung. Denn das, was Eric Harris und Dylan Klebold anscheinend nicht brauchten, war ein besseres Selbstwertgefühl.

Irrtum 24 Die meisten Menschen, die während ihrer Kindheit Opfer von Missbrauch wurden, entwickeln schwere Persönlichkeitsstörungen im Erwachsenenalter

„Für ihr Leben gezeichnet." Solche Sätze finden sich in scheinbar endloser Aufzählung in psychologischer Ratgeberliteratur für Opfer sexuellen Missbrauchs. Selbsthilfeliteratur ist übersättigt mit der Behauptung, dass sexueller Missbrauch im Kindesalter zu bleibenden Wesensveränderungen und psychischen Verletzungen führt. Andere bekannte Psychologiebücher wie *A Moral Emergency* (1993) von Jade Angelica beziehen sich auf „einen Teufelskreis von Kindesmissbrauch". Glaubt man diesen Büchern, so werden die Missbrauchsopfer meist selbst zu Gewalttätern. Einige Selbsthilfebücher gehen noch weiter und behaupten, dass sexueller Missbrauch ein ganz bestimmtes „Persönlichkeitsprofil" nach sich zieht. Niedriges Selbstwertgefühl, Probleme mit Intimität, Zögerlichkeit beim Aufbau von Beziehungen und Angst vor sexuellem Kontakt seien entsprechende Alarmsignale.

Durch sexuellen Missbrauch in der Kindheit ausgelöste schwerwiegende Wesensveränderungen sind selbstverständliche Wahrheiten in manchen psychologischen Schulen. In einem bekannten Artikel wird behauptet: „Wie vernarbtes Gewebe verschwinden die Auswirkungen sexuellen Missbrauchs nie. Sie beeinflussen die Opfer auf unterschiedliche Weisen immer weiter, zum Beispiel in Form von Drogen- oder Alkoholmissbrauch, niedrigem Selbstwertgefühl, Scheidungen und Misstrauen." Ein anderes Beispiel ist das Buch *Trotz allem: Wege zur Selbstheilung für sexuell missbrauchte Frauen* (1990) von Ellen Bass und Laura Davis, das über eine Million Mal verkauft wurde. Die Autorinnen teilten ihrer Leserschaft Folgendes mit:

> Der Langzeiteffekt von Kindesmissbrauch kann so durchdringend sein, dass es schwierig sein kann, genau festzulegen, wie der Missbrauch Sie beeinflusst hat. Er durchdringt alles: Ihr Gefühl für sich selbst, Ihre intimen Beziehungen, Ihre Sexualität, Ihre Erziehung als Elternteil, Ihr Arbeitsleben, ja sogar Ihre Zurechnungsfähigkeit. Egal wo Sie hinschauen, Sie sehen die Auswirkungen des Missbrauchs. (Bass & Davis, 1988, S. 37)

Auch jede Menge Hollywoodfilme, wie *Asphalt-Cowboy* (1969), *Die Farbe Lila* (1985), *Forrest Gump* (1994), *Antwone Fisher* (2002) und *Mystic River* (2003) zeigen erwachsene Protagonisten, die nach sexuellem Missbrauch andauernde Wesensveränderungen erfahren, in eindrucksvoller Art und Weise.

Verständlicherweise glauben viele Laien, dass die enge Verbindung zwischen Kindesmissbrauch und Wesensveränderungen erwiesen ist. In einer Umfrage unter 246 Bürgern im ländlichen Oregon glaubten 68% der männlichen und 74% der weiblichen Befragten, dass Kindesmissbrauch *immer* zu offensichtlichen Wesensveränderungen führt.

Es ist nicht anzuzweifeln, dass Kindesmissbrauch schädigende Auswirkungen hat. Dennoch ist das aussagekräftigste Ergebnis bezüglich der Langzeitkonsequenzen von Kindesmissbrauch in der Forschungsliteratur die Abwesenheit entsprechender Ergebnisse. Viele Untersuchungen zeigen, dass die typische Reaktion von Missbrauchsopfern keine psychopathologische ist, sondern eine erhöhte Belastbarkeit (siehe auch Mythenkiller: Ein genauer Blick, S. 156f.).

Bruce Rind und seine Kollegen führten 1998 eine Metaanalyse durch, in welcher sie die Forschungsliteratur über Collegestudenten, die als Kind missbraucht worden waren, untersuchten. Bereits zuvor hatten sie eine ähnliche Überprüfung mit städtischen Probanden durchgeführt, die zu beinahe identischen Ergebnissen geführt hatte. Ihr Artikel erschien 1998 in einer der angesehensten Zeitschriften der Amerikanischen Psychologischen Vereinigung, dem *Psychological Bulletin*. Der Artikel war randvoll mit dichten Zahlentabellen und den technischen Details der statistischen Untersuchungen. Die Arbeit von Rind und seinen Kollegen schien kein wahrscheinlicher Kandidat zur Auslösung eines nationalen politischen Feuersturms zu sein. Daher hatten Rind und seine Kollegen keine Ahnung, was sie erwartete.

Rind und seine Coautoren berichteten, dass die Verbindung zwischen selbstberichtetem Kindesmissbrauch in der Vergangenheit und 18 Arten psychischer Störungen – darunter Depressionen, Angst- und Essstörungen – nur sehr gering war. Die durchschnittliche Korrelation zwischen den beiden Variablen lag bei 0.9, was nahezu gar keinen Zusammenhang bedeutet. Außerdem war ein problematisches Elternhaus ein wesentlich stärkerer Prädiktor für spätere psychologische Auffälligkeiten als sexueller Missbrauch im Kindesalter. Rind und seine Kollegen warnten davor, dass die Auswirkungen von Kindesmissbrauch von solchen eines problematischen Elternhauses nur schwer zu unterscheiden seien – besonders weil das Eine zum Anderen führen könne. Überraschenderweise fanden sie auch heraus, dass der Zusammenhang von schwerem oder andauerndem Kindesmissbrauch und psychischen Störungen nicht größer war als bei einmaligem und/oder weniger brutalem Missbrauch.

Der „Rind-Artikel", wie er später nur noch genannt wurde, führte zu wütenden Reaktionen in den Medien und bei Politikern. Die bekannte Radiotalkshowmoderatorin Dr. Laura Schlessinger („Dr. Laura") verdammte den Artikel als „Schund-Forschung im schlechtesten Sinne" und „schlecht verschleierten Versuch, Pädophilie als normal zu verkaufen". Einige Mitglieder des Parlaments, am auffälligsten die Repräsentanten Tom DeLay, Texas, und Matt Salmon, Arizona, kritisierten die American Psychological Association dafür, dass sie den Artikel, der Kindesmissbrauch verharmlose, veröffentlicht hatte. Im Repräsentantenhaus selbst nannte Salmon den Artikel die „Emanzipationsproklamation der Pädophilen“. Schließlich wurde der Rind-Artikel am 12. Juli 1999 durch das Repräsentantenhaus mit 355 zu 0 Stimmen verurteilt, was ihm die zweifelhafte Auszeichnung verschaffte, der erste wissenschaftliche Artikel zu sein, der je vom U.S. Congress missbilligt wurde.

Verschiedene Kritiker haben umsichtige Infragestellungen der Untersuchungsergebnisse von Rind und seinen Kollegen erhoben, besonders die Frage betreffend, in welchem Ausmaß sie auf schwerwiegendere Stichproben anwendbar sind. Kritisiert wurde zum Beispiel, dass Probanden aus Colleges für diese Art Studie nicht geeignet seien, weil Menschen mit schweren Persönlichkeitsstörungen wahrscheinlich seltener studieren als gesunde Menschen. Trotzdem konnte die zentrale Stoßrichtung der Schlussfolgerungen von Rind und seinen Kollegen, nämlich dass viele Betroffene mit einer Missbrauchsvergangenheit langfristig mit wenigen oder sogar gänzlich ohne psychische Schäden davonkommen, nicht widerlegt werden.

Genauso wenig gibt es Nachweise dafür, dass Opfer von Kindesmissbrauch ein einzigartiges Profil von Persönlichkeitsmerkmalen aufweisen. In einer 1993 von Kathleen Kendall-Tackett und ihren Coautoren durchgeführten Nachprüfung fanden die Wissenschaftler keine Beweise für die sogenannte „Handschrift“ von sexuellem Missbrauch. Obwohl einige Opfer sexuellen Missbrauchs als Erwachsene unter psychischen Problemen litten, ließ sich kein eindeutiges Muster von Symptomen feststellen. Stattdessen litten die Opfer für gewöhnlich unter sehr unterschiedlichen Symptomen.

Die Forschung stellte auch andere weithin angenommene Behauptungen bezüglich Kindesmissbrauchs infrage. Eine im Jahr 2003 veröffentlichte Arbeit von David Skuse und seinen Mitarbeitern fand nur schwache Beweise für den häufig zitierten „Teufelskreis der Kindesmisshandlung“, also der weit verbreiteten Annahme, dass die Missbrauchsopfer selbst zu Gewalttätern werden. Etwas weniger als ein Achtel ihrer Stichprobe von 224 Männern, die als Kinder Opfer sexuellen Missbrauchs geworden waren, wurden selbst zu Gewalttätern als Erwachsene. Weil die Rate der Kinderschänder unter Erwachsenen, die selbst keine Vergangenheit sexuellen Missbrauchs haben, bei 1 zu 20 in ihrer Studie lag, bringen die Untersuchungsergebnisse von Skuse und seinen Mitarbeitern die Möglichkeit auf, dass Missbrauch in jungem Alter das Risiko erhöht, dass das Opfer als Erwachsener selbst zum Täter wird. Ihre Ergebnisse legen jedoch nahe, dass ein Missbrauchsteufelskreis alles andere als unausweichlich ist.

Vielleicht überrascht es nicht, dass viele Therapeuten an den Ergebnissen, insbesondere denen von Rind und seinen Kollegen, zweifelten. Die Behauptung, dass viele Opfer sexuellen Missbrauchs ein normales Erwachsenenleben führen sollten, passte nicht zu ihren Erfahrungen aus der Praxis. Schließlich begeben sich hauptsächlich Menschen mit ernsten psychischen Problemen in Behandlung.

Mythenkiller: Ein genauer Blick

Die Belastbarkeit von Kindern wird meist unterschätzt

Die Erkenntnisse aus der Forschung, die wir zum Thema Kindesmissbrauch zusammengeführt haben, beinhalten eine wertvolle, aber selten anerkannte Lehre: Die meisten Kinder sind gegenüber Stressfaktoren belastbar. In der populären Psychologie wird die Belastbarkeit von Kindern unterschätzt. Sie werden oft als zarte Wesen dargestellt, die anfällig dafür sind, zusammenzubrechen, wenn sie mit belastenden Ereignissen konfrontiert werden. Aber dieser Mythos über die Zerbrechlichkeit von Kindern widerspricht der wissenschaftlichen Beweislage.

Am 15. Juli 1976 wurden Schulkinder im Alter von 5 bis 14 Jahren Opfer einer brutalen Entführung in Chowchilla, Kalifornien. Zusammen mit ihrem Busfahrer wurden sie für 11 Stunden in ihrem Schulbus und für 16 Stunden in einem Lastwagen unter der Erde gefangen gehalten. Dort schafften die Kinder es, durch kleine Luftlöcher zu atmen. Bemerkenswerterweise schafften es die Kinder und der Busfahrer zu entkommen und überlebten alle ohne Verletzungen. Als sie gefunden wurden, befanden sich die meisten Kinder in einem Schockzustand. Zwei Jahre später hatten sich die meisten von dem Erlebnis erholt, auch wenn viele von ihnen noch von Erinnerungen an dieses Geschehen verfolgt wurden.

Ein weiteres Beispiel sind Scheidungen von Elternpaaren. In populärpsychologischer Literatur wird häufig versucht, der Leserschaft weiszumachen, dass eine Scheidung immer ernstzunehmende, langfristige emotionale Schäden bei den betroffenen Kindern hinterlässt. Auf einer Internetseite, die sich mit dem Thema Scheidung auseinandersetzt, heißt es, dass „Kinder nicht wirklich widerstandsfähig sind“ und dass „eine Scheidung für Kinder bedeutet, für den Rest ihres Lebens mit den Auswirkungen der Entscheidung ihrer Eltern fertigzuwerden“. Am 25. September 2000 wurde das Thema durch die Titelgeschichte des Magazins Time „Was eine Scheidung für Kinder bedeutet“ erneut in die Diskussion gebracht, begleitet von der ominösen Warnung, dass „neue Forschung zeigt, dass die Langzeitfolgen schlimmer sind als angenommen“. Der Hintergrund für den Artikel waren die Ergebnisse der 25-jährigen Forschung von Judith Wallerstein (1989). Sie hatte die Geschichte von 60 Scheidungsfamilien in Kalifornien verfolgt. Wallerstein berichtete, dass die Kinder sich zwar zunächst von der Scheidung ihrer Eltern zu erholen schienen, dass die Auswirkungen jedoch subtil und andauernd gewesen seien. Viele Jahre später hätten diese Kinder Schwierigkeiten damit gehabt, feste Partnerschaften auf-

zubauen und Karriereziele zu verfolgen. Allerdings beinhaltete Wallersteins Studie keine Kontrollgruppe mit Familien, bei denen einer der beiden oder beide Elternteile aus anderen Gründen, wie einem Unfalltod, von den Kindern getrennt worden waren. Somit können ihre Untersuchungsergebnisse die Auswirkungen jedweden Ereignisses sein, das dazu führen kann, dass eine Familie auseinander gerissen wird, und dies muss nicht nur auf Scheidungsfälle zutreffen.
Tatsächlich zeigen die meisten korrekter durchgeführten Studien, dass der Großteil der Kinder, auch wenn sie eine Scheidung als schwierig empfinden, die Trennung ihrer Eltern ohne große und langzeitige psychische Schäden überstehen. Im Großen und Ganzen zeigen diese Untersuchungen, dass 75% bis 85% der Kinder mit den Folgen der Scheidungen ihrer Eltern ziemlich gut zurechtkommen. Außerdem sind die offensichtlich nachteiligen Auswirkungen bei Scheidungen besonders minimal, wenn die Eltern vor der Trennung große Konflikte austragen. Das liegt wahrscheinlich daran, dass eine Scheidung die Kinder vor weiteren schmerzlichen Streitigkeiten der Eltern bewahrt.

Bei dem Versuch, die klaffende Lücke zwischen der klinischen Wahrnehmung und der wissenschaftlichen Realität zu erklären, scheint die Selektionsverzerrung eine der bedeutendsten Ursachen zu sein. Weil fast alle Patienten, die Psychologen und Psychiater im Alltag sehen, Probleme haben (dies betrifft auch die Opfer sexuellen Missbrauchs), kann dies dazu führen, dass die behandelnden Personen Opfer einer illusorischen Korrelation werden. Diese Schlussfolgerung ist sehr wahrscheinlich eine Konsequenz der Tatsache, dass die meisten Psychologen und Psychiater nur wenig Zugang zu den zwei ausschlaggebenden Zellen des „Großen Vier-Säulen-Modells des Lebens" haben, nämlich den Zellen mit Opfern sexuellen Missbrauchs und nicht missbrauchten Personen, die keine psychischen Probleme haben (siehe Einleitung, S. 26). In einer Therapie behandelndes Personal hat in der Regel keinen oder kaum Kontakt mit Menschen, die Erlebnisse wie Missbrauch in der Kindheit ohne bleibende psychische Beeinträchtigungen verarbeiten konnten.

Irrtum 25 Unsere Handschrift verrät unsere Persönlichkeit

„Mache Striche durch die T und I-Punkte auf die I." Nicht selten wird ein solcher Merksatz von Lehrern verwendet, die die Aufgabe haben, aus dem unordentlichen Geschreibsel ihrer Schüler eine lesbare Schreibkunst zu formen. Für viele Kinder ist es ein großer Fortschritt, wenn sie lernen, ihren Namen in Schreibschrift zu schreiben. Trotzdem wird die Handschrift eines jeden Schülers einmal genauso einmalig werden wie seine Fingerabdrücke oder seine Ohrläppchen. Daher scheint es einsichtig, dass Handschriftendeutung – bekannt als Graphologie – dabei helfen könnte, unsere psychologischen Eigenschaften offenzulegen.

Graphologie ist nicht mehr als der Zweig einer Pseudowissenschaft, die versucht, den Charakter eines Menschen zu deuten. Zu jeder Zeit gab es Zeichenleser, die behaupteten, dass sie Einblicke in unsere Persönlichkeit gewinnen könnten, indem sie unsere Gesichtszüge lesen (Physiognomie), Rillen in unseren Händen interpretieren (Chiromantie), die Form unseres Schädels deuten (Phrenologie), unseren Bauchnabel studieren (Omphalomantie), die Muster unserer Stirn entziffern (Metoposkopie), im Teesatz lesen (Tasseographie), die Richtungen beobachten, in die Lichtstrahlen von unseren Fingernägeln reflektiert werden (Onychomantie), oder, unser Favorit, die Struktur von Gerstenkuchen nach dem Backvorgang interpretieren (im Englischen als *critomancy* bezeichnet).

Graphologen haben Legionen Interessierter angezogen und einen Teil der Öffentlichkeit davon überzeugt, dass ihr Handwerk auf einem wissenschaftlichen Ansatz basiert. Die International Graphoanalysis Society mit Sitz in Chicago konnte sich etwa 10 000 Mitgliedern rühmen. Hunderte von Graphologen haben ertragreiche Anstellungen in Südkalifornien finden können und die Graphologie wurde sogar in Internaten angewendet: So behauptete zum Beispiel in Vancouver in Kanada ein Graphologe, er habe heimlich tatsächliche und potentielle Sexualtäter mitten in der Lehrerschaft identifiziert. Viele Unternehmen, vor allem in Israel und einigen europäischen Ländern konsultieren Graphologen in Personalfragen. Manche Kreditinstitute stellen Graphologen ein, um festzustellen, welche Kunden vertrauenswürdige Darlehensnehmer sein könnten.

Die neuzeitliche Geschichte der Graphologie beginnt im 17. Jahrhundert mit dem italienischen Arzt Camillo Baldi. Dieser inspirierte eine Gruppe katholischer Geistlicher. Unter ihnen befand sich Jean-Hippolyte Michon, der die Bezeichnung „Graphologie“ im Jahre 1875 prägte. Michon ist der Vater des analytischen Ansatzes der Graphologie, der dem Schreibenden Persönlichkeitsmerkmale aufgrund bestimmter Attribute seiner Handschrift zuordnet, zum Beispiel bestimmter Formen oder Abschrägungen der Buchstaben. Michons Schüler, Jules lé Crepieux-Jamin, brach mit seinem Lehrer, um die holistische Schule zu gründen. Anhänger des ganzheitlichen Ansatzes bevorzugen eine impressionistische Herangehensweise, in welcher der Analytiker intuitiv ein Gesamtgefühl für die Persönlichkeit des Gegenübers aufgrund der Handschrift entwickelt, anstatt sich mit einzelnen Elementen der Schrift auseinanderzusetzen. Obwohl die meisten heutigen Graphologen den analytischen Ansatz verwenden, kann die Mehrheit der verschiedenen Schulen für Graphologie sich nicht einmal auf einheitliche Deutungen bestimmter Indikatoren einigen. Ein bekannter Handschriftenleser glaubt zum Beispiel, dass die Neigung, zwei „t" mit einem peitschengleichen Strich zu verbinden, eine sadistische Persönlichkeit verrate, wohingegen ein ebenso bekannter anderer Graphologe glaubt, dass dieser Stil lediglich ein Schlitzohr überführe (und es gibt keine wissenschaftlichen Nachweise dafür, ob einer der beiden Graphologen recht hat).

Befürworter des analytischen Ansatzes behaupten, hunderte von Indikatoren für bestimmte Charaktermerkmale identifiziert zu haben. Darunter sind kleine Haken am Buchstaben „s", die angeblich bedeuten, dass derjenige, der so schreibt, gerne bereit ist, andere um ihr Eigentum zu erleichtern. Weite Abstände zwischen Wörtern sprechen vermeintlich für eine Neigung zur Isolation des Schreibers, Verfasser von Texten mit nach oben driftenden Sätzen gelten als Optimisten, wohingegen die Urheber von nach unten zeigenden Sätzen als Pessimisten betrachtet werden. Diejenigen, deren Buchstaben unterschiedliche Abschrägungen abbilden, sind schwer einschätzbar, Schreiber, die „i" als Großbuchstaben verfassen, haben vermeintlich immer ein gutes Selbstbewusstsein. Ein Artikel, der 2008 in der Los Angeles Times erschien, besagte, dass die Neigung des damaligen Präsidentschaftskandidaten John McCain, seinen Vornamen mit in unterschiedliche Richtungen sich ausdehnenden Buchstaben zu schreiben, ein Beweis für seine Außenseiterpersönlichkeit sei. Dahingegen sei die Tendenz seines Gegners Barack Obama, die Buchstaben nahtlos aneinanderzuformen, ein Nachweis für seine Flexibilität. Unsere Lieblingsbehauptung ist wohl die, dass große, knollenartige Schleifen an den „g", „y" und anderen Buchstaben, die unter der Zeile herunterhängen, eine Voreingenommenheit gegenüber Sex verraten. Das tun sie vielleicht auch, allerdings könnte diese Voreingenommenheit eher beim Graphologen als beim Schreiber selbst liegen.

Manche Menschen nehmen sogar bizarre Behauptungen der Schreibbewegungstherapie begeistert an, die erklärt, unerwünschte Persönlichkeitsmerkmale durch das Entfernen problematischer graphologischer Zeichen aus der Schrift der Patienten eliminieren zu können. Wenn Sie also ein hoffnungsloser Pessimist sind, müssen Sie nichts weiter tun, als Ihre Sätze am Ende jeder Zeile von nun an nach oben wandern zu lassen und schon ändert sich Ihre Einstellung zum Leben.

Graphologen bieten eine Reihe von Argumenten für ihre Methode an: Wir werden den Spuren der fünf bekanntesten von ihnen einmal nachgehen.

Schreiben ist eine ausdrucksstarke Bewegung, daher sollte es unsere Persönlichkeit widerspiegeln. Auch wenn die Forschung einige allgemeine Aspekte unseres Temperaments mit unseren Bewegungsabläufen in Verbindung bringt, sind die Zusammenhänge zwischen Charaktereigenschaften und ausdrucksstarken Körperbewegungen, die Graphologen aus ihnen ableiten, eher gering. Eine generelle Neigung zu Reizbarkeit oder Dominanz mag leicht mit der Körpersprache korrelieren, aber die Beziehungen zwischen Körperbewegungen und Handschrift sind viel zu schwach, als dass sie uns erlauben würden, auf die Persönlichkeit von Menschen Rückschlüsse zu ziehen.

Handschrift ist Brainwriting. Nur zu wahr. Studien haben gezeigt, dass die „Fußschrift" der Handschrift ähnelt (wenn Sie skeptisch sind, versuchen Sie, mit Ihrem bevorzugten Fuß auf einem Blatt Papier zu unterschreiben, indem Sie den Stift zwischen den großen und den zweitgrößten Zeh nehmen). Dies legt die Vermutung nahe, dass unsere Schrift eher von unserem Gehirn als von unseren Extremitäten bestimmt wird. Aber die Tatsache, dass der Vorgang des Schreibens, genauso wie der des Niesens oder der des Erbrechens durch das Gehirn kontrolliert wird, ist kein Grund zu der Annahme, dass es mit irgendetwas anderem korreliert, was das Gehirn kontrolliert, wie zum Beispiel Persönlichkeitsmerkmalen.

Schreiben ist individualisiert und die Persönlichkeit ist einzigartig, also muss das eine das andere widerspiegeln. Die Tatsache, dass beide Attribute gleichbedeutend sind, gibt keine Grundlage für die Schlussfolgerung, dass es eine Beziehung zwischen Handschrift und Persönlichkeit gibt. Gesichter unterscheiden sich maßgeblich und dienen als Identifikationsmöglichkeit auf einem Führerschein, aber sie sagen nichts über die Fahrkünste des Inhabers aus.

Die Polizei und Gerichte verwenden Graphologie, also muss sie o. k. sein. Diese Behauptung illustriert, was Logiker eine Milchmädchenrechnung nennen: Wenn eine Annahme weit verbreitet ist, muss sie wahr sein. Natürlich wurden einige Überzeugungen, die von einer großen Mehrheit geglaubt wurden (wie zum Beispiel, dass die Erde eine flache Scheibe sei), schon widerlegt. Außerdem stammt der unverdiente positive Ruf der Graphologen oft aus der Verwechslung von diesen mit Schriftsachverständigen. Ein Schriftsachverständiger ist ein wissenschaftlich ausgebildeter Ermittler, der für Historiker, Sammler oder das Gericht die Herkunft und die Authentizität eines handschriftlichen Dokuments beurteilt. Schriftsachverständige beurteilen nur die Wahrscheinlichkeit, mit der eine bestimmte Person ein Dokument handschriftlich erstellt hat, nicht die Persönlichkeit dieser Person.

Personalleiter schwören auf den Nutzen von Graphologen bei der Auswahl von Angestellten. Auf einige mag das zutreffen, auf die meisten nicht. Außerdem gibt es verschiedene Gründe, warum Personalverantwortliche fälschlicherweise vom Nutzen der Graphologie überzeugt sein können. Erstens schenken Graphologen häufig – wenn auch nicht unbedingt mit Absicht – auch nicht-graphologischen Hinweisen Aufmerksamkeit, also Anhaltspunkten, die auf den besten Kandidaten hindeuten. Zum Beispiel sind die handgeschriebenen Bewerbungen voll mit biographischen Informationen, bei denen manche (wie aus vorherigen Einstellungen) die Arbeitsleistung vorhersagen können. Zweitens reichen die Personalverantwortlichen aufgrund der Kosten selten alle Bewerbungen bei einem Graphologen zur Überprüfung ein. Graphologen sehen daher nur die Schriften von Bewerbern, die bereits in der engeren Auswahl stehen. Die meisten Leute in dieser Gruppe sind für die ausgeschriebene Stelle ohnehin qualifiziert und es gibt kaum Gelegenheiten zu kontrollieren, ob ein zurückgewiesener Bewerber besser gewesen wäre.

Die Ergebnisse wissenschaftlicher Tests, die die Fähigkeit von Graphologen zur Erkennung von jobrelevanten Fähigkeiten überprüft haben, sind einheitlich. Bei gut kontrollierten Tests werden alle Probanden gebeten, denselben Satz zu schreiben. Basierend auf diesem Satz werden die Graphologen aufgefordert, Urteile über die Persönlichkeit und Vorhersagen über das Verhalten der Versuchsteilnehmer abzugeben. Dadurch, dass alle Probanden denselben Satz schreiben, eliminieren die Forscher Unterschiede im Inhalt des Geschriebenen, die indirekte Hinweise auf die Persönlichkeit des Autors geben könnten. Bei einer sorgfältigen Überprüfung fand Richard Klimoski (1992) heraus, dass die Graphologen mit ihren Urteilen nicht besser lagen als der Zufall. Geoffrey Dean (1992) führte die größte bisherige wissenschaftliche Testreihe zu dem Thema Graphologie durch. Nachdem er eine Metaanalyse von über 200 Studien vollbracht hatte, konnte Dean den Graphologen ein klares Versagen hinsichtlich des Anspruchs attestieren, Persönlichkeitsmerkmale zu entdecken oder Arbeitsleistungen vorherzusagen.

Warum sind so viele Menschen dennoch davon überzeugt, dass Graphologie von Wert ist?

Erstens erscheint Graphologie fesselnd, weil sie die Repräsentativitätsheuristik ausnutzt (siehe Einleitung, S. 31).

Zweitens können die Behauptungen von Graphologen bemerkenswert spezifisch erscheinen, auch wenn sie hoffnungslos vage sind. Die irrtümliche Wahrnehmung, dass etwas sehr Persönliches von einem Zeichenleser eröffnet wurde, hat seine Ursache in einem Phänomen, welches Paul Meehl (1956) den „P. T. Barnum-Effekt" nannte. Der Effekt ist nach einem Zirkusunternehmer benannt, der einmal gewitzelt hatte, dass er mit seinen Zirkusnummern „jedem etwas mit auf den Weg geben wolle". Der Effekt besteht darin, dass Menschen dazu neigen, in Aussagen, die im Prinzip auf jeden zutreffen, etwas für sich selbst Spezifisches zu entdecken. Forscher fanden heraus, dass die meisten von uns auf diesen Effekt hereinfallen. Der Barnum-Effekt funktioniert so gut, weil wir so geschickt darin sind, selbst in relativ bedeutungslosen Botschaften eine Bedeutung zu finden. In einer Studie bewerteten Probanden Beschreibungen, die ein Graphologe über jemanden anderen aufgestellt hatte, als auf sich selbst sehr zutreffend. Barnum-Aussagen sind dazu gemacht, auf jeden zuzutreffen.

Wird die Graphologie bei zukünftigen wissenschaftlichen Untersuchungen besser abschneiden? Natürlich ist es möglich, dass eines Tages positive Nachweise zur Entlastung der Graphologen auftauchen. Aber wenn die trostlose wissenschaftliche Erfolgsbilanz ein Indiz für ihre Unglaubwürdigkeit ist, so hoffen wir, Sie verzeihen, wenn wir an dieser Stelle behaupten, dass es sich wohl eher um ein Menetekel an der Wand handelt.

Postskriptum

Die Wahrheit ist seltsamer als eine erfundene Geschichte

In diesem Buch haben wir die weite Welt der Psychomythologie durchstreift und versucht, Sie davon zu überzeugen, Ihren Menschenverstand auch einmal infrage zu stellen, wenn Sie psychologische Behauptungen evaluieren. Hierfür haben wir Ihnen eine ganze Menge falscher Annahmen über menschliches Verhalten vorgestellt, Annahmen, die mit unserer Intuition übereinstimmen, aber falsch sind. Um Sie noch mehr dafür zu sensibilisieren, nicht immer Ihrer spontanen Intuition zu folgen, haben wir auf den letzten Seiten dieses Buches eine Reihe psychologischer Erkenntnisse in den Mittelpunkt gestellt, die gegen unsere Intuition verstoßen, aber wahr sind.

Wie Carl Sagan (1979) bemerkte, ist das beste Gegenmittel gegen Pseudowissenschaft aufrichtige Wissenschaft. Sagan hält uns vor Augen, dass die wissenschaftliche Wirklichkeit häufig sehr viel seltsamer – und faszinierender – ist als wissenschaftliche Fiktion. Wir haben tatsächlich den Verdacht, dass die meisten Leute für den verführerischen Einfluss psychologischer Mythen weniger empfänglich wären, wenn sie wirkliche psychologische Tatsachen ausreichend wahrnehmen würden. Einige Tatsachen, wie Sagan betonte, erfüllen unser tief sitzendes Bedürfnis nach Verwunderung, haben aber einen entscheidenden Vorteil gegenüber der Mythologie: Sie sind wahr.

Hier folgt nun also, in keiner bestimmten Reihenfolge, unsere Auflistung von 10 schwer zu glaubenden, aber wahren psychologischen Erkenntnissen. Viele dieser Erkenntnisse können uns wie Irrtümer vorkommen, weil sie gegen jede Intuition verstoßen, ja manchmal bizarr erscheinen. Dennoch sind sie wesentlich besser durch wissenschaftliche Forschung nachgewiesen als die 25 Irrtümer, die wir auf den vorhergehenden Seiten untersucht haben. Sie erinnern uns daran, unseren gesunden Menschenverstand infrage zu stellen.

10 schwer zu glaubende, aber wahre psychologische Erkenntnisse

(1) Unser Gehirn beinhaltet ungefähr 5,8 Millionen Kilometer Nervenbahnen. Wenn man diese Verbindungen zwischen den Nervenzellen aufreihen würde, könnte man damit die Strecke zum Mond und zurück 12-mal abdecken.

(2) Patienten, die einen Schlaganfall im linken Stirnlappen erlitten haben, der sich anschließend als Sprachverlust äußert, können Lügner besser überführen als Menschen ohne Gehirnschädigung. Das könnte daran liegen, dass Menschen, die ihre Sprache verloren haben, ausgleichende nonverbale Fähigkeiten entwickeln, die ihnen helfen, Betrüger zu erkennen.

(3) Menschen mit anterograder Amnesie in extremer Ausprägung (einem Gedächtnisverlust, der sich dadurch auszeichnet, dass die Betroffenen nicht dazu in der Lage sind, neue Informationen abzuspeichern) können wiederholt sehr geschockt reagieren, wenn man ihnen vom Tod eines Familienmitglieds berichtet. Dennoch zeigen sie häufig „implizite" (unbewusste) Erinnerungen für bestimmte Ereignisse, ohne dass sie sie bewusst erinnern können. Zum Beispiel ist es möglich, dass sie einem Arzt gegenüber, der sie einmal schlecht behandelt hat, eine ablehnende Haltung haben, obgleich sie sich nicht daran erinnern können, ihn je zuvor getroffen zu haben.

(4) Menschen mit dem seltenen Leiden Synästhesie erleben eine Verknüpfung unterschiedlicher Sinneswahrnehmungen, das heißt, die Betroffenen erleben gleichzeitig verschiedene Sinneseindrücke, obwohl nur ein Sinnesorgan gereizt wurde. Manche hören Töne, wenn sie bestimmte Farben sehen, andere riechen einen bestimmten Geruch, wenn sie bestimmte Geräusche hören. Wieder andere sehen in bestimmten Farben bestimmte Wörter, zum Beispiel das Wort Buch bei der Farbe Blau. Forschung mit bildgebenden Verfahren zeigt, dass die Gehirne von Synästhetikern sich durch simultane Aktivitäten in verschiedenen Hirnarealen auszeichnen. Die Gehirne von farb-hörenden Synästhetikern zeigen beispielsweise gleichzeitig Aktivitäten in den Regionen für das Hören und das Sehen, wenn sie Geräusche hören.

(5) Psychologen haben Tauben beigebracht, zwischen Werken von Monet und Picasso und Bach und Strawinsky zu unterscheiden. Das liefert Beweise dafür, dass der Ausdruck „Spatzenhirn" eher ein Kompliment als eine Beleidigung ist. Im Verlauf des Trainings bekommen

die Vögel Belohnungen dafür, wenn sie korrekt „antworten" und lernen dabei Schritt für Schritt, Details der Kunst und der Musik zu erkennen, was es ihnen ermöglicht, die verschiedenen Stile der Künstler voneinander zu unterscheiden.

(6) Leute, die einen Stift mit ihren Zähnen festhalten, finden Comics witziger als Leute, die einen Stift mit ihren Lippen festhalten. Wenn wir uns das Ganze einen Moment lang überlegen, so werden wir feststellen, dass Menschen, die einen Stift mit ihren Zähnen halten, einen Gesichtsausdruck haben, der einem Lächeln ähnelt, wohingegen der Gesichtsausdruck von Leuten, die einen Stift mit den Lippen festhalten, eher mit dem Attribut „finsterer Blick" beschrieben werden kann. Eine Erklärung für diese seltsame Erkenntnis ist die *Facial-Feedback-Hypothese*: Das Feedback der Gesichtsmuskeln ruft bestimmte Gefühle in uns hervor. Interessanterweise haben Untersuchungsergebnisse gezeigt, dass Wörter, die einen k-Laut enthalten – wie kauzig, verrückt oder quaken –, eine besonders hohe Wahrscheinlichkeit haben, uns zum Lachen zu bringen.

(7) Forschungen, die sich auf Berichte zur Bevölkerungszählung beziehen, zeigen, dass ungewöhnlich viele Menschen an Orten mit solchen Namen leben, die ihren eigenen Vornamen ähneln. Zum Beispiel leben in Georgia weitaus mehr Georges als man es durch einen Zufall erwarten könnte. Dasselbe gilt für Louises, die in Louisiana leben, oder für Virginias, die sich in Virginia niedergelassen haben. Dieser Effekt scheint daher zu rühren, dass Menschen mit bestimmten Namen sich von Orten mit ähnlichen Namen angezogen fühlen. Und er könnte eine Form des impliziten Egoismus widerspiegeln, demnach Menschen sich unbewusst von anderen Menschen, Orten oder Dingen mit ähnlichen Namen angezogen fühlen.

(8) Eine niederländische Studie zeigte, dass verglichen mit Versuchsteilnehmern, die eine Liste von Eigenschaften von Hooligans erstellen sollten, Versuchspersonen, die Eigenschaften von Professoren auflisten sollten, später bedeutend mehr Fragen zum Allgemeinwissen aus dem Spiel Trivial Pursuit korrekt beantworteten. Diese Ergebnisse erwecken den Anschein, dass selbst subtile mentale Repräsentationen einen größeren Einfluss auf unser Verhalten ausüben können als Psychologen bislang angenommen haben.

(9) Der Handschlag von Personen kann ein deutliches Anzeichen für

ihre Persönlichkeitseigenschaften sein. Zum Beispiel sind Menschen mit festem Händedruck wahrscheinlich eher extravertiert und emotional ausdrucksstärker als solche mit einem sanften, die mit hoher Wahrscheinlichkeit eher schüchtern und neurotisch sind. Unter Frauen, aber nicht bei Männern, bedeutet ein fester Händedruck meist eine offene Persönlichkeit, die intellektuelle Neugier und die Bereitschaft, neue Erfahrungen zuzulassen, in sich vereint.

(10) In isolierten Regionen in z. B. China oder Indien werden manche Menschen – meistens Männer – regelmäßig von einer psychischen Krankheit namens Koro befallen. Männliche Opfer dieser Erkrankung glauben, dass ihre Penisse und Hoden verschwinden, Frauen sind der Meinung, ihre Brüste würden sich in Luft auflösen. Koro verbreitet sich gewöhnlich über Ansteckung. In einem Gebiet in Indien bewaffneten sich 1982 Beamte mit Lautsprechern und versicherten der hysterischen Bevölkerung, dass ihre Genitalien nicht verschwinden würden. Diese Beamten vermaßen sogar Penislängen der männlichen Bürger, um zu beweisen, dass ihre Angst unbegründet war.

Als besonderes Vergnügen für die Leser, deren Appetit für ungewöhnliche psychologische Erkenntnisse immer noch nicht gestillt wurde, beenden wir die Auflistung mit drei „Spitzenreitern“:

(11) Auch wenn unser Gedächtnis in manchen Fällen ziemlich fehlerhaft ist (siehe Irrtümer 9–11), so kann es in anderen Situationen sehr genau sein. Ein Forscherteam zeigte Studenten 2560 Fotografien mit verschiedenen Szenen und Objekten je Bild für wenige Sekunden. Drei Tage später bekamen die Probanden die Bilder erneut gezeigt – diesmal war jedes bekannte Bild mit einem neuen Bild gepaart. Die Versuchspersonen sollten die Bilder aus dem ersten Durchgang identifizieren und schafften dies zu 93 %.

(12) Es gibt psychologische Forschungsergebnisse, die aussagen, dass Hunde ihren Besitzern ähneln. In einer Studie fügten Forscher die Gesichter der Hundebesitzer den entsprechenden Hunden zueinander und ihre Erfolgsquote lag dabei signifikant höher als der Zufall. Dies traf allerdings nur bei rein gezüchteten Rassen und nicht bei Mischlingen zu.

(13) Wenn wir ein warmes Objekt in der Hand halten, sind wir anderen Personen gegenüber freundlicher. In einem kürzlich durchgeführten Versuch baten zwei Forscher ihre Probanden um den Gefallen, für

eine dritte Person, entweder eine Tasse mit heißem Kaffee oder mit Eiskaffee kurz zu halten. Später wurden die Probanden gebeten, die fiktive dritte Person anhand einer Reihe von Kennzeichen zu bewerten. Die Personen, die die Tasse mit heißem Kaffee gehalten hatten, beurteilten die dritte Person signifikant häufiger als freundliche Person mit positiven Eigenschaften wie großzügig und fürsorglich als diejenigen, die den Eiskaffee verwahrt hatten.

Abschließende Gedanken: Was Sie aus diesem Buch lernen können

Im gleichen Maße, wie wir unser Buch als eine Anleitung zur Evaluierung von Psychomythologie betrachten, hoffen wir doch auch, dass es Ihnen als lebenslanger Führer bei der Mythenbekämpfung in vielen wichtigen Bereichen Ihres alltäglichen Lebens weiterhilft, zum Beispiel im medizinischen und politischen Bereich sowie auch bei Fragen zu Umwelt, Wirtschaft oder Bildung. Der Bereich Medizin ist beispielsweise ebenfalls randvoll mit Missverständnissen wie das Gebiet der Psychologie. Weit verbreitet sind Annahmen wie die, dass wir acht Gläser Wasser pro Tag trinken müssen, um gesund zu bleiben; dass das Lesen bei schlechtem Licht unsere Sehstärke verschlechtert; dass unsere Finger- und Fußnägel weiterwachsen, nachdem wir gestorben sind; dass unsere Haare schneller nachwachsen, wenn wir sie abrasieren; dass wir Krämpfe bekommen können, wenn wir nach dem Essen nicht 45 Minuten warten, bevor wir schwimmen gehen; dass Vitamin C dabei helfen kann, Erkältungen abzuwenden; dass das Knacken mit den Fingern Arthrose verursachen kann; dass wir die meiste Wärme über den Kopf verlieren; dass das Essen von zu vielen Möhren zu einer orangenen Gesichtsfarbe führen kann, oder dass das Verschlingen von zu viel Schokolade Akne verursacht: Alle diese Annahmen konnten durch die medizinische Forschung widerlegt werden. Alle diese weit verbreiteten, aber falschen Vermutungen machen deutlich, dass wir unsere Fähigkeit, Mythen zu hinterfragen, im Alltag dringend benötigen. Das Üben und Verbessern dieser Fähigkeit wird sich auszahlen: in Form von besseren Entscheidungen im Alltag.

Zum Abschied möchten wir Ihnen, liebe Leser, noch einige hilfreiche zusammenfassende Aspekte für das Aufdecken von Irrtümern mit auf den Weg geben:

- Obwohl unsere Instinkte und Bauchgefühle hilfreich dabei sein können, Leute einzuschätzen oder unsere langfristigen emotionalen Präferenzen vorherzusagen, so sind sie doch nicht geeignet, wenn es darum geht, wissenschaftliche Behauptungen zu beurteilen.

- Viele Mutmaßungen, die durch Mund-zu-Mund-Propaganda verbreitet werden, sind nichts weiter als moderne Legenden. Daher sollten wir nicht davon ausgehen, dass weit verbreitete Annahmen korrekt sind. Besonders skeptisch sollten wir jedem Satz gegenüber sein, der mit den Worten „Jeder weiß doch, dass ..." beginnt.
- Medienberichte sind häufig irreführend und können dazu beitragen, dass wir die Häufigkeit der Vorkommnisse sensationeller Ereignisse überschätzen und die Häufigkeit von weniger sensationellen Ereignissen unterschätzen. Außerdem werden komplexe Phänomene in Medienberichten oft vereinfacht dargestellt, damit aus der komplizierten eine gute Geschichte wird. Aber die guten Geschichten sind nicht immer die wahren Geschichten.
- Verzerrte Stichproben können zu genauso verzerrten Schlussfolgerungen führen. Wenn wir bei der Arbeit hauptsächlich einer bestimmten Gruppe von Menschen begegnen (zum Beispiel psychisch kranken Menschen), dann ist unsere Wahrnehmung der Vorkommnisse von bestimmten Charaktereigenschaften bei Menschen meistens verzerrt.
- Bestimmte Verzerrungen wie die illusorische Korrelation, der Bestätigungsfehler oder der übermäßige Gebrauch von Repräsentativitäts- und Verfügbarkeitsheuristiken können dazu führen, dass wir falsche Schlussfolgerungen ableiten. Heuristiken sind hilfreiche Abkürzungen und Faustregeln, aber wenn wir uns blind und kritiklos auf sie verlassen, werden wir häufig Fehler machen.
- Korrelation ist nicht gleich Kausalität. Wenn man also weiß, dass zwei Dinge statistisch miteinander verknüpft sind, ist noch längst nicht klar, welches die Ursache und welches die Folge ist. Nur weil also ein Geschehnis auf das andere folgt, heißt das nicht, dass das erste Geschehnis das folgende verursacht.
- Gewissenhaft durchgeführte wissenschaftliche Forschung ist selten narrensicher, aber dennoch ein Geschenk von unschätzbarem Wert, das wir niemals als selbstverständlich hinnehmen sollten, denn es ist unser bester Beschützer gegen menschliche Fehler. Wie Albert Einstein uns ermahnte, ist „all unsere Wissenschaft, wenn man sie mit der Realität vergleicht, primitiv und kindisch – und doch ist sie die wertvollste Sache, die wir haben" (zitiert nach Shermer, 2002, S. 43).